Joseph Carlebach

Das Hohelied

Salzwasser

Joseph Carlebach

Das Hohelied

1. Auflage | ISBN: 978-3-84607-896-9

Erscheinungsort: Paderborn, Deutschland

Erscheinungsjahr: 2015

Salzwasser Verlag GmbH, Paderborn.

Joseph Zwi Carlebach (1883-1942) war ein deutscher Rabbiner un
Schriftsteller. Nachdruck des Originals.

Joseph Carlebach

Das Hohelied

Salzwasser

DAS HOHELIED

ÜBERTRAGEN UND GEDEUTET

VON

JOSEPH CARLEBACH

ALLEN BRAUTPAAREN

IN ISRAEL

GEWIDMET.

Rabbi Akiba sagte: Die ganze Welt wiegt nicht auf den Tag, an welchem das Hohelied gegeben worden ist. Warum? Weil alle Schriften heilig sind, das Hohelied aber ein Allerheiligstes.

Rabbi Eleasar ben Asarjah gab dafür ein Gleichnis. Da hat jemand ein Maß Weizen zum Bäcker geführt und sagt ihm: „Gewinn mir daraus so und soviel Feinmehl, so und soviel Feinkleie, so und soviel Grobkleie, und bereite mir aus dem Besten des Mehles einen schönen, gutgesiebten, vorzüglichen Kuchen." Also sind alle Schriften heilig, das Hohelied aber ein Allerheiligstes, denn es ist ganz voll Gottesfurcht, voll Bereitschaft, das himmlische Joch zu tragen.

Das „Lied der Lieder", das gepriesenste unter den Liedern, das zarteste unter den Liedern, das Lied derer, die Er zum Liede in der Welt gemacht, die Er einzigartig gemacht in der Welt, über die Er Seinen heiligen Geist wird walten lassen.

In allen Liedern preist entweder Gott Israel oder Israel seinen Gott. Nur hier preist Er sie und sie preisen Ihn.

Rabbi Schimeon sagte: Es ist ein Lied von doppelter Poesie, Rabbi Simon sagte: von vielfach verdoppelter Poesie.

(Midrasch Rabba)

א״ר עקיבא אין כל העולם כדאי כיום שנתנה בו שיר השירים· למה?
שכל הכתובים קדש ושיר השירים קדש קדשים·

ר׳ אלעזר בן עזריה עבד לה מתלא לאחד שהוליך סאה של חטים אצל
הנחתום ואמ״ל הוצא לי כך וכך סולת כך וכך סובין כך וכך מורסן וסלת לי
מתוכה גלוסקא אחת מנופה ומעולה כך כל הכתובים קדש ושיר השירים
קדש קדשים שכולו יראת שמים וקבול עול מלכותו·

שיר השירים המשובח שבשירים המעולה שבשירים המסולסל שבשירים
נאמר שירים למי שעשאנו שירים בעולם הדא מד״א והלילו שירות היכל·
שבחות דהיכלא· ד״א נאמר שירים למי שעשאנו שיורים בעולם שנא ה׳
בדד ינחנו·

ר׳ יוחנן··· אמר למי שעתיד להשרורץ רה״ק עלינו נאמר לפניו
שירים הרבה·

בכל השירים או הוא מקלסן או הן מקלסין אותו ברם הכא הוא מקלסן
והן מקלסין אותו·

ר׳ שמעון··· אמר שיר כפול ר׳ סימון אמר שיר כפול ומכופל·

(שה״ש רבה· מאמר ר׳ אלעזר ע״פ גרסת הברייתא מובא במלאכת שלמה ידים ג׳)

INHALT

Das Lied der Liebe.

שה״ש מלה חתומה ומלה מפורמת. Das Hohelied, ein
versiegeltes Wort, ein klares Wort.

Rabba I. 54.

Unergründlich wie die Liebe selbst ist das Lied der Liebe שיר השירים.
Frommer Mund singt es sehnsuchtstrunken und er weiß nicht, was er singt.
Wem der keuschen Liebe hohes Geheimnis als Morgenröte des Lebens
aufdämmert, dem flammt beim Lesen des Liedes hier und dort ein Wort
oder ein Satz entgegen, das sein Fühlen so vollkommen, so wahr und heilig
ausdrückt, daß das Buch als geniale Schau eines Mysterienergründers ihm
bezeugt ist, mag immerhin der Sinn des G a n z e n ihm ein Rätsel bleiben.
Genug, daß Liebe als sein letzter Sinn und Inhalt ihm gewiß ist. Er singt
das Lied und er f r a g t nicht, was er singt. Wer wird eine Logik und Geometrie
dieses Weltmysteriums fordern, wer eine exakte Geschichte und genaue Entwicklung seiner Fleischwerdung in Salomo und Sulamith verlangen? Wie
wenn Du die Diamanten im Diadem eines fern von Deinem Auge thronenden
Königs funkeln siehst und seine Gegenwart sich Dir dadurch verbürgt; wie
wenn dem Wanderer in der Nacht von einer Stadt die Lichter freundlich
entgegenflimmern und beruhigt fragt er nicht mehr nach ihrem Umriß und
Weichbild, so fühlst Du Dich gewiß über das Wesen von Schir Haschirim,
nachdem einmal aus einigen Versen die „Gottesflamme der Liebe" Dir
entgegenleuchtet und Dein Innerstes ergriffen hat.

Umdichtung des Hohenliedes.

יְהַכּוּנִי פְצָעוּנִי · Sie haben mich wund geschlagen.

In jüngster Zeit hat ein Dichter dem Liede sich zugewandt, und Sulamith hat „sein Herz gewonnen mit einem ihrer Augen, mit einer der Perlen ihres Halsgeschmeides". Er fühlte, daß hier das große „Diesseitswunder" des Judentums seinen letzten Ausdruck gefunden, und er versuchte sich die rätselhafte Runenschrift des Buches zu entziffern.[1] Aber der spröde Stoff will seinen Schleier nicht enthüllen. Da muß eine seltsame Voraussetzung der Phantasie des Poeten die Brücke bauen: das Lied sei in falscher Komposition überliefert. Der Verfasser selbst oder der Redaktor habe, um das Mysterium zu wahren, die Verse bunt durcheinander gewirbelt, wie eine altdeutsche Runenleserin die Buchenstäbe ihres Zauberspruches durcheinander wirft bis zur Unkenntlichkeit, hat auch wohl zwei Verse zusammengeklebt, die nicht eine Einheit bilden, auch einzelnes mehrfach wiederholt, damit das Wirrnis noch größer werde: hat dann das ganze Werk „auf einen Ton zu stimmen" versucht, um dadurch den Kern und Angelpunkt der ganzen Handlung zu „verwischen", nämlich den Konflikt zwischen echter und falscher Liebe.

Unserem Liede ging es unter des Dichters Hand wie der irrenden Sulamith bei den Wächtern der Mauer; er zerschlägt es, verwundet es, um seinen Schleier herunterzureißen. So grotesk nun angesicht der Treue unserer Ueberlieferung und der demütigen Ehrfurcht unserer Alten gegenüber dem Wort der Schrift diese ganze Hypothese anmutet, — Brod selbst weiß sonst begeistert von der Zuverlässigkeit der Texte zu sprechen — hat der Erfolg gelohnt? Ist es dem Dichter gelungen, einigermaßen überzeugend die Partien in das Prokrustesbett seiner Theorie einzupassen? Ich persönlich muß erklären: wenn ich auch völlig vergäße, was in den Versen steht, von aller Tradition absehe und ganz unbefangen die Umdichtung Brods lese, so würde ich darauf mit Nein antworten. Durch ein suggestives Mittel werden wir, vielleicht der Poet selbst, über die Vieldeutigkeit und Unbestimmtheit des Textes hinweggetäuscht: durch Kapitelüberschriften. Diese sind nicht aus dem Inhalte als Ergebnis gewonnen, sondern sie stellen den Sinn des Lesers in eine bestimmte Richtung ein und lassen dann die Worte des Liedes in entsprechender Färbung erscheinen. Wer jedoch versucht, unter Weglassung dieser Wegweiser, ohne jede Bevormundung aus den Versen allein die Aufschrift, als Zusammenfassung des Sinnes, neu zu entdecken, der wird gewiß selbst nach den

---

[1] Brod: Judentum, Christentum und Heidentum 2. Teil.

vorgenommenen Umstellungen und Veränderungen des Textes und allen Freiheiten der Uebersetzung so ratlos wie zuvor den Unklarheiten und den Rätseln des Ganzen gegenüberstehen. Da ist beispielsweise der zweite Teil mit den Worten „der Raub" überschrieben: Der zugestutzte Text lautet dazu: „Zum Nußgarten stieg ich hinab . . . Unversehens hat meine Seele zum Wagen eines Edlen mich geführt und zu seinen Leuten. Was ists was heraufkommt aus der Wüste? . . . Es ist Salomons Sänfte . . . Wer ists, die dort heraufkommt aus der Wüste, gestützt auf ihren Geliebten? Dreh dich, dreh dich Sulamith . . ." Schon ist „der Raub" vollzogen. Im Text aber vermissen wir jeden entscheidenden Hinweis auf diesen wichtigsten Gedanken des Ganzen. Oder die Schlußpartie heißt: „die Flucht". Aber Verse wie: „ich will aufstehen und die Stadt durchstreifen . . ., ich will suchen, den meine Seele liebt" enthalten k e i n e S p u r v o n F l u c h t - g e d a n k e n, keine Andeutung eines Entrinnens aus den Mauern des „königlichen Harems".

So wird man über den Brodschen Deutungsversuch dasselbe Urteil fällen, das Ewald[1] und seine Nachfolger mit dem gleichen Experimente erhielten: עיקר חסר מן הספר: d i e H a u p t s a c h e, d i e e n t s c h e i d e n d e n W e n d u n g e n f e h l e n i m B u c h e; und wenn der Dichter Brod auch zu s t r e i c h e n vermochte, h i n z u d i c h t e n läßt sich leider nichts.

Die Frage nach dem wahren Sinne des Liedes ist aber durch die Neubearbeitung Brods wieder akut geworden. Dieses Verdienst gebührt ihm unstreitig und das noch viel größere: die Ehrfurcht und die Bewunderung für das Buch werden an Brods herrlichen Worten sich neu entzünden, ebenso wie er die flache verständnislose Behandlung der biblischen Poesie durch die Theologie der Universitäten mit unnachahmlicher Schärfe ge- geißelt hat. Worte erfrischender Aufrichtigkeit hat er gefunden, die uns ganz aus dem Herzen geschrieben sind.

Aber wenn seine Umdichtung nicht als richtig gelten soll, wenn jener Konflikt zwischen natürlicher Liebe und der lüsternen Sinnlichkeit eines orientalischen Sultans nur hineingeheimnist ist, wenn die Vergewaltigung des Textes den erwünschten Aufschluß über das Problem seines Sinnes nicht erzwingen konnte, dann dürfte es vielleicht doppelt berechtigt er- scheinen, i n r e c h t e r S e l b s t b e s c h e i d u n g z u r m a s s o r e t i s c h e n U e b e r l i e f e r u n g d e s T e x t e s zurückzukehren und sie zur Grundlage einer neuen alten Deutung zu machen.

---

[1] 1826 in seinem Kommentar zum Hohenliede. Weitere Literatur bei Budde Einl. p. XIII. f. und Stade Einl. zum Hohenl. S. 81 (Handkomm. von Nowak).

Neuer Deutungsversuch.

חדשים גם ישנים. Neues wie auch Altes.

Schir Haschirim ist nicht e in Lied, sondern nach alter Ansicht ist es, — um einen Ausdruck des Midrasch Rabba dabei zu verwenden — „ein Lied aus Liedern" zusammengesetzt. Es werden diese Lieder von verschiedenen Personen gesungen, bald singt ein Mann, bald ein Weib, bald eine Vielheit von Frauen und Männern, ein „Chor der Frauen von Jeruscholajim" und die Brüder der Heldin.

Bilden diese Lieder ein fortlaufendes, inneres Ganze oder sind es lose aneindergereihte Einzellieder, „die nicht mehr miteinander zusammenhängen, als eine Reihe schöner Perlen, auf eine Schnur gefasset" (Herder), nur dadurch verbunden, daß ein Thema darin variiert wird, — die Liebe? Diese Frage ist Grund- und Entscheidungsfrage aller Exegeten, die Vorfrage für jeden Erklärungsversuch.

Allen früheren Jahrhunderten war die Einheitlichkeit des Ganzen außer allem Zweifel. Da fand im Jahre 1873 Wetzstein[1] bei einer Reise nach Syrien den Brauch, Braut und Bräutigam in der Hochzeitswoche durch Preisgesänge zu feiern. Aus der oft bestätigten Erfahrung, daß das Morgenland Sitte und Brauch jahrhundertelang unverändert belassen hat, schloß man also, daß solche Hochzeitslieder schon in uralten Zeiten gesungen sein mögen. Seitdem hat die zünftige Theologie sich fast durchweg auf den Boden der Annahme gestellt, daß wir im hohen Lied e in e Sammlung von Hochzeitsgesängen aus alten Tagen aufbewahrt vor uns hätten. Und da der Bräutigam am Hochzeitstage ein König ist, so sei im Liede dem Gefeierten der Name Salomos als eines großen jüdischen Königs beigelegt worden.

Mit dieser These an und für sich — man mag sie annehmen oder nicht — ist aber noch wenig geholfen. Sie erleichtert es, die literarische Form des Buches als eines Liederkranzes, seine lose Anordnung, sein unvermitteltes Gefüge zu verstehen. Den Kompositionsstil erschließt sie, nicht mehr; so wenig Sinn und Wesen eines Gebäudes begriffen ist, wenn man die Bautechnik und architektonischen Formen einer Epoche kennt, oder sowenig Goethes Götz schon erklärt ist, wenn der leichte Szenenwechsel der Shakespearebühne bekannt ist.

Nicht einmal jene Frage erfährt dadurch ihre Lösung, ob hier nun typische, allen Hochzeiten gemeinsame Lieder, ohne eine

---

[1] Bastians Zeitschrift f. Ethnologie 1873 S. 270—302. Vgl. Budde, Was ist das Hohelied? Preuß. Jahrbücher 1894. S. 92—117, wo übrigens nur geschickt einige Verse behandelt, aber auf die vielen Schwierigkeiten nicht eingegangen wird.

innere Entwicklung und Steigerung gegeben seien; oder ob der Dichter sich der Form dieser Liedersammlung bedient, um in ihr die besondere G e - s c h i c h t e   e i n e s   b e s t i m m t e n   L i e b e s p a a r e s   darzustellen. Die Stil- und Coloriteinheitlichkeit des Ganzen, die Durchführung der Personen, besonders Salomos und des Frauenchores, endlich die Gegenüberstellung: Salomo-Sulamith, d i e   s c h o n   d e m   N a m e n   n a c h   n u r   z u   e i n a n d e r g e h ö r e n   k ö n n e n, andererseits aber die Stimmungsunterschiede der einzelnen Lieder, die immer aus veränderten Situationen erwachsen sind, machen es von vornherein wahrscheinlich, daß hier e i n e   e i n z i g e,   n i c h t a l l t ä g l i c h e   L i e b e s g e s c h i c h t e   in all ihren Stadien geschildert werden soll.

Wenn ein Erklärer überzeugen will, so muß er dem Leser den Weg, den er selbst gegangen ist, deutlich kennzeichnen, muß die Synthese des Ganzen vor seinen Augen sich wiederholen lassen, damit Schritt für Schritt die Kontrolle erfolgen kann, ob nicht willkürliche oder falsche Elemente in den Bau eingefügt sind. Dieser Gedanke sei für das Folgende maßgebend.

Im Beginn des Buches bittet die Braut (Kap. I, Vers 4): der Geliebte möge sie h o l e n (5 und 6), sie sei zur Arbeit bei anderen verstoßen und häß-lich geworden durch den Sonnenbrand, (Vers 7) sie müsse als Vermummte, Verhüllte bei Fremden umhergehen.

Es erfolgt dann (II 8 ff.) eine Aufforderung an die Geliebte: sie möge kommen, der Frühling sei da und die ganze Natur stehe in Blüte בארצנו „i n   u n s e r e m   L a n d e" [1]. Daraus bestätigt sich neu, daß die Braut auf f r e m d e m   B o d e n weilt und daß die Vermählung für sie auch die H e i m - f ü h r u n g   i n s   H e i m a t l a n d, ins „H a u s   d e r   M u t t e r" bedeuten wird.

Die H o c h z e i t selbst kündigt sich (in III 6 ff.) durch den Hochzeits-zug Salomos an, der v o n   d e r   W ü s t e heraufkommt und in herrlichem Schmucke uns erscheint (7—10).

Daß von diesem Augenblicke an aus der Geliebten die junge G a t t i n geworden ist, verrät das Lied unzweifelhaft durch die Wendung (IV 4) מבעד לצמתך, daß sie mit dem Schleier ihr Haar verhüllt hat. Jetzt (IV 7—V 1), nur jetzt nennt das Lied sie sechsmal כלה; zugleich spricht das Lied vom Einzuge ins Land (IV 7) „komm mit mir, Braut, vom Libanon", spricht von dem H o c h z e i t s m a h l e, V 1 am Ende, wo die Freunde zu Speis und Trank gebeten werden.

Die Zwischenstücke erklären sich aus diesen Hauptpartien ungezwungen.

Obwohl die Braut sich durch den Sonnenbrand entstellt sieht, läßt sie der Geliebte wissen, I 9, daß sie doch schön sei und ihre Würde durch den Arbeitsdienst nicht verloren habe; der Schmuck der güldenen Spangen kleide sie nach wie vor wie eine Edle. Das durch solche Botschaft hoch-

---

[1] natürlich „Glosse" bei den Modernen (Budde und Stade. S. 102).

beglückte Mädchen gibt das Wort der Liebe zurück: I 13, ihre höchste Schönheit sei der Freund, zu seinen Ehren bereite sie sich vor. Wenn auch noch ihr Heim nicht vielversprechend sei I 16—17 (אַף עַרְשֵׂנוּ רַעֲנָנָֽה), aber ihr wirkliches Heim sei aus Zedern und Zypressen gefügt; S a r o n und seine Täler seien ihre wahre Heimat (II 1).

Das Lied II 4—7 schildert jetzt die sich steigernde Glut der Mädchenliebe, wie trunken fühlt sie sich, in ungeheurer Erregung der Seele, ohne inneres Gleichgewicht; daher eine flehentliche Bitte, ihre Gefühle nicht noch zu erregen und zu steigern, damit sie sich nicht selbst verliere.

Da kommt denn der Ruf des Bräutigams II 8—15. Aber sie selbst hält den Augenblick noch nicht für gekommen, der Aufforderung zu folgen. Noch sind nicht die Schatten gewichen (II 16—17), und sie entläßt den Geliebten wieder.

Aber in größter S e h n s u c h t verzehrt sie sich (III 1—5) um den fernen Freund, bis in den Traum hinein begleiten sie die Wünsche und Hoffnungen auf ihr kommendes Glück, und so fühlt sie das Wogen der Empfindungen immer stürmischer im Busen, die kleinste Erregung kann es zum Überschwellen bringen.

Und haben wir Salomo gesehen am Tage seiner Vermählung (III 6—11), so gibt IV 1—7 das köstliche Erstaunen des jungen Gatten über die erst jetzt sich erschließende Schönheit der Braut, die er aber noch nicht sogleich heimführt, (wie ja nach jüdischem Gesetz die Vermählte אֲרוּסָה im Hause des Vaters bleibt und erst später endgültig ins Haus dem Manne folgt), bis die H e i m f ü h r u n g i n s H e i m a t l a n d und Gattenhaus mit feierlichem Hochzeits- und Einzugsliede IV 8—V 1 sich vollzieht. J e t z t i s t sie ganz sein Weib, deren Keuschheit sich ihm beglückend aufschließt (12), die Edenshauch ihm in sein Leben bringt.

Hier schließt des Liedes erster und eigentlich leicht durchsichtiger Teil. E r s t i m z w e i t e n T e i l e , bei dem Verse V 2 beginnt das g r o ß e R ä t s e l r a t e n . Hier erst ist die Lyrik der Sprache fast nirgends von so deutlichen epischen Zügen durchbrochen, daß bestimmte exegetische Schlüsse zwingend herausgestellt werden können. Aber jede Texterklärung muß von absolut klaren, eindeutigen Worten ausgehen, aus deren unbezweifelbarem Sinn alle Verse der Unbestimmtheit und alle Dunkelheiten in langsamem Eingrenzungsverfahren aufgehellt und beleuchtet werden.

Die Theorie der Modernen z. B., daß Schir Haschirim ein S c h w e r t t a n z l i e d d e r o r i e n t a l i s c h e n B r a u t ist, baut sich auf den Vers VII 1 שׁוּבִי שׁוּבִי הַשּׁוּלַמִּית auf, der angeblich bedeuten soll:

Dreh dich, dreh dich, Sulamith,
Dreh dich, dreh dich, wir wollen dich schauen!
Was wollt an Sulamith ihr schauen?
Den Schwerttanz des Kriegslagers!

Aber nie und nirgends heißt שובי: drehe dich! Budde war deshalb auch sogleich mit einer Korrektur zur Hand: סובי סובי. Selbst diese ist ein Germanismus, ist deutsch gedacht, denn סבב kann unmöglich sich im Tanze drehen heißen.[1] Jedenfalls steht im hohen Liede ja שובי und nicht סובי. Das Wort sie sollen lassen stahn und keinen Dank dafür haben. Endlich paßt auch die vergleichende Partikel des כמחולת nicht zu dem erzwungenen Sinn. Welche wissenschaftliche Ungeheuerlichkeit, auf eine willkürliche Textänderung den ganzen Sinn des Werkes zu begründen!

Die andere Schule (Ewald und Hitzig), deren Spuren Brod folgt, will Sulamith ihrem eigentlichen Geliebten, dem jungen Hirten, gewaltsam in den Harem Salomos entführen lassen. Wo aber steht im Liede ein Wort von Raub und Entführung? Welche einzige Stelle sollte so etwas bezeugen?

Nun denn, der Vers VI 12: לא ידעתי נפשי שמתני מרכבות עמי נדיב „Unversehens hat meine Seele zum Wagen eines Edlen mich geführt und zu seinen Leuten."

So übersetzt Brod in Anlehnung an seine Vorgänger. Sogar wenn diese Verdolmetschung richtig wäre, bewiese sie nichts; es ist allein schon undenkbar, der Dichter würde den Haremskönig und Mädchenräuber einen Edlen nennen. In Wirklichkeit aber schwebt diese ganze Versdeutung in der Luft. שים heißt schlechterdings nicht hinführen, und am Schluß sind die Worte עמי נדיב durch eine Konjektur ersetzt. Also ist wieder der entscheidende Vers, der Eckstein des ganzen Gebäudes selbst brüchig. Wie sollten wir solcher nebelhaften Deutungskunst uns anvertrauen können?

Welches ist die wortgetreue Übersetzung dieses Verses?

„Ich weiß nicht, meine Seele hat mich zum Wagen eines edlen Volkes (oder des Volkes eines Edlen) gemacht."

Wir stehen also vor einem Vers, der selbst erst der Aufklärung durch den Zusammenhang bedarf, dessen Worte in tausend Möglichkeiten schillern und daher völlig ungeeignet zum tragenden Pfeiler einer Konstruktion ist. Das Klare aus dem Dunkeln, das Eindeutige aus dem Unbestimmten erfassen zu wollen, ist die Verkehrung jeder gesunden, überzeugenden Hermeneutik.

Gewiß ist, daß das Lied von V 2 an von einer erneuten Trennung der Liebenden spricht, von einem leidenschaftlich sehnsüchtigen Suchen der Sulamith, und daß Alles einem Höhepunkt entgegenstrebt von unsäglicher Kraft und Erhabenheit, dem Augenblick der Wiedervereinigung, wo die Gefahr neuen Verlustes, neuer Trennung der schmerz- und leidens-

---

[1] vergl. II 16 סוב לך und III 2 ואסובבה בעיר.

geprüften Braut das inbrünstige Flehen eingibt: „lege mich wie ein Siegel
auf Dein Herz, wie ein Siegel auf Deine Hand, denn gewaltig wie der Tod
ist die Liebe, schrecklich wie Höllenfeuer der Liebe Not und Pein" m. a. W.:
mache unsere Vereinigung unauflöslich; neue Scheidung wäre Tod und
Höllenqual.

Was hat die Trennung bewirkt? Wieso muß der Geliebte in nächtlicher
Stunde anpochen, die Locken durchnäßt vom Tau der Nacht? Darüber
schweigt das Lied. Ob aus Schonung, aus Zartheit? Oder ist das alles nur
ein böser Traum, den Sulamith erlebt, eine Schlafende mit wachem Herzen?,
ein Traum von dem sie erwacht, wie wir dereinst am Ende der Golusnacht
„sein werden wie Träumende"?

Sicher ist: der Gatte bittet Einlaß zu nächtlicher Stunde. Ich sage:
der Gatte, denn in der nachfolgenden Schilderung VI 7 heißt es von ihr
wiederum מבעד לצמתך, unter der Haarverhüllung; sie ist also Gattin. Doch
warum öffnet sie nicht? Gesteht sie doch V 6: נפשי יצאה בדברו, daß bei seinen
W o r t e n schon — und außer der Bitte: öffne mir, spricht er nichts —
ihre Seele überwallte? Die Begründung gibt der Vers V 3: פשטתי את כתנתי וגו׳.
In seiner gewöhnlichen Uebersetzung: „Ich hatte meines Gewandes mich
entkleidet, wie nur soll ich wieder anziehen? Ich hatte die Füße mir gewaschen, wie sollte ich sie wieder beschmutzen?" erscheint er sinnlos.
Wenn der Anfang „wie soll ich es anziehen?" noch als ein Ausdruck der
Verwirrung und Ueberstürzung gelten mag, so ist der Schluß: wie soll ich
die Füße beschmutzen? einfach unverständlich, lieblos. Auch die verstärkte
Form: איככה „wie in aller Welt ist es möglich" erscheint übertrieben und
unpassend. Und warum ist der Geliebte denn verschwunden, als sie sich
doch aufrafft? Warum alsdann die leidensvolle Irrfahrt in der Suche nach
ihm? Alles dies scheint doch sehr wenig motiviert.

Ich fasse daher den Vers פשטתי in den Spuren des Midrasch zu
dieser Stelle anders:

Sulamith trug ihr e h e l i c h e s Gewand nicht mehr, sie hatte das alte
Gewand, das längst abgelegte, aus der Zeit der Vorehe wieder angetan[1]

---

[1] So droht Ezechiel 23,26 seinem Volke: והפשיטוך את בגדיך ... והשבתי ונותך ממך זאת עוותיך
מארץ מצרים. Man wird Dir Deine Gewänder austun, Dir die Prachtkleider nehmen, so will
ich Deine Unzucht von Dir bannen. Deine von Ägypterland genommene Buhlertracht.
Ebenso daselbst 19. „Reichlich hast Du Unzucht getrieben in Erinnerung an Deine Jugend-
zeit, da Du Unzucht triebst in Ägypten."

Vergl. Berach. 20a: Raw Ada bar Ahawa sah eine Frau, die er für eine Jüdin hielt,
mit einer Karbalta öffentlich bekleidet, da ging er hin und riß sie ihr herunter, u. s. w.
Das Gewand als solches (Raschi erklärt: שם לבש חשוב) erschien ihm als gröbliche Ver-
letzung ihres jüdischen Frauentums. Die Tat Raw Adas wird als Beispiel der Hingabe
und Kraft vom Talmud gefeiert.

Bezeichnend ist ferner, daß das Wort ובחקותיהם לא תלכו, nicht in heidnischen Gesetzen
und Sitten zu wandeln, vom Talmud auf die Tracht und Gewandung gedeutet wird.

und erschrickt jetzt vor sich selbst: wie hab' ich es nur antun können? (אלבשנה als ein Konj. gefaßt); sie hatte nach den Wanderjahren, die ihre Jungfraunzeit ihr auferlegt hatte, die Füße vom Staub der Wege gewaschen, um im Hause zu verbleiben, und erschrickt jetzt vor sich selbst, „wie hab' ich sie nur beschmutzen können?", daß sie die Füße wieder verunreinigt habe bei unberechtigtem Fortgehen. Die Worte des Geliebten, der wohl Ahnungen hatte, erwecken sie aus ihrer Irrung; als er nicht sogleich Einlaß erhält, geht er beleidigt fort, und Sulamith muß ihn suchen gehn, sich unter Leiden seiner wieder wert machen.

Diese heroischen Leiden fallen allen Frauen auf, man fragt sie, um wen leidest Du? (V9.) Als ihre Schilderung aber Neugierde und Aufmerksamkeit erregt, da erkennt sie voll, was der Geliebte ihr gewesen, und (VI 2—3) weicht jetzt der fragenden Neugier aus.

Bei ihrer Irrfahrt erweckt ihre Schönheit die Aufmerksamkeit, und Lockungen treten an sie heran (VII 1—6). Sie widersteht heldenmütig. Jetzt erkennen beide sich Liebenden, daß sie einander unzertrennlich gehören (VII 7—14).

In der Fremde jedoch können sie einander nicht angehören; man würde sie ob des fremden Geliebten verspotten (VIII 1 – 2). Erst in die Heimat zurückgekehrt, kann ihr Bund von neuem besiegelt werden.

So ziehen sie denn (VIII 5—7) durch die Wüste zu endgültiger Vereinigung hinaus, sie gelehnt auf den Geliebten, um den sie gelitten, wie eine Mutter um ihr Kind Todeswehn erduldet.

Es ist eine neue Hochzeitsfeier, die der ersten entspricht. Sie wird mit denselben Worten eingeleitet: (VIII 5 wie III 6) מי זאת עולה מן המדבר.

Der Parallelismus der beiden Liederteile kündigt sich überhaupt in mannigfacher Form an: hier wie dort fühlt vor der Vereinigung die Braut die Sehnsucht schwellen und wachsen, „ist sie krank vor Liebe" (II 5 und V 8), jede kleinste Störung könnte ihre Seele aus dem Gleichgewicht werfen: „Ich bitte Euch, weckt und erregt die Liebe nicht, bis ihr es selbst gefällt."

So spricht sie vor der Verlobung (II 7), vor der Hochzeit, (III 5) und jetzt vor der letzten Wiedervereinigung (VIII 4). Daß jetzt ihre Liebe reifer und voller geworden, das spricht sie deutlich aus, wenn sie sagt (VII 14): חדשים גם ישנים דודי צפנתי לך, daß neue Liebe sie schenken will zu der alten, die sie dem Geliebten bewahrt hat.

So gliedert sich das Lied in zwei Hauptreihen: in die Geschichte einer bräutlichen und in die einer ehelichen Liebe. In beiden müssen zuerst von der liebenden Braut Leid und Elend überwunden werden, in beiden wird sie aus fremder Umgebung wieder in die Heimat zurückgeführt. In beiden soll es die Lenzeszeit, die Zeit des Knospens und Blühens sein, soll erst voll die Sonne ihre Kraft entfalten und alle Schatten geschwunden sein, bis die Vereinigung erfolgen kann; in beiden sind daher zeitlich und örtlich hemmende Momente, wo die Seelen einander schon gehören, wo die Sehnsucht die Fäden hinüber- und herüberspinnt.

Bei beiden bleibt es aber in ein Halbdunkel gehüllt, was denn die anfänglichen Trennungsleiden verursacht hat. Warum mußte Sulamith als Vermummte in der Glut der Sonnenhitze Mägdedienste wie Gudrun tun? Das Lied selbst legt ihr die Worte in den Mund (I 6): „Meiner Mutter Söhne waren in Erregung über mich, sie machten mich zur Hüterin der Weinberge, meinen Weinberg, meinen eigenen, habe ich nicht gehütet (oder konnte ich nicht hüten)". Was war dieser Streit der Geschwister? Warum die Brüder in Erregung? War Sulamith lässig in der Pflege ihres Weinberges gewesen und zur Strafe jetzt Fremden als Weinbergshüterin übergeben worden?

Eine Aufklärung soll uns vielleicht am Schlusse des Buches noch zuteil werden in einigen Versen der Nachschrift, die seit jeher eine crux interpretum, ein schweres Problem der Erklärung darboten. Im Kap. VIII, Vers 8—10 werden die „Brüder" redend eingeführt, sie sprechen ihre Zukunftssorge um eine minderjährige Schwester aus und beteuern, daß sie strenge Hüter ihrer Keuschheit sein wollen. Das ist offenbar also die „Erregung" der Brüder, die der Schwester Prüfung zur Folge hatte. Mit dem Bekenntnis: „ich bin mauerstark" aber zeigt Sulamith, daß sie jetzt gegen alle Versuchungen gefeit ist und daher die Beglückerin ihres Erwählten sein kann.

An die Worte כרמי שלי לא נטרתי des Anfangs knüpfen alsdann die Verse 11 und 12 des Kap. VIII an. Damals in ihrer Verbannung konnte sie ihren Weinberg nicht hüten; jetzt ist es anders. Wenn Salomo seinen Weinberghütern vom Gewinn 1000 Silberschekel abgeben und 200 Schekel Hüterlohn zahlen muß, um der Gewissenhaftigkeit seiner Diener sicher zu sein, so ist sie selbst j e t z t der Hut ihres Weinberges voll ergeben und verzichtet auf Anteil aus der Ernte, auf Lohn für treue Wacht. Es bleibt dabei unentschieden — der Text läßt beides zu — ob sie einst dieser Pflicht der Hut untreu geworden und jetzt durch ihre Hingebung die Sünde der Jugend wiedergutmacht, oder ob sie durch fremde Pflichten dem eignen Besitz nicht hat sich widmen können und nun mit doppelter Kraft sich der Pflege des ihr Anvertrauten befleißigt. Der ganze Verskomplex (VIII 8—12) stellt jedenfalls das E i n s t dem J e t z t gegenüber, die Sorgen und Mühen der Vergangenheit der glücklichen Selbstgewißheit und Sicherheit der Gegenwart.

Auch die b e i d e n S c h l u ß v e r s e des Liedes sind nicht leicht einzureihen. Sie enthalten eine Aufforderung des Liebenden an die Braut, ihre Stimme hören zu lassen, sie aber bittet ihn, zu enteilen mit Hirschesgeschwindigkeit. Es kann dieses Distichon, dieser Zweizeiler ein Lied aus der „Brautzeit" sein: der Dichter, der nach der glücklichen Vereinigung der Beiden sie in die vergangene Zeit zurückblicken läßt, erinnert damit an ihr Sehnen und Suchen von damals. Die wahre Erklärung gibt aber erst das nun folgende Kapitel mit seiner Fragestellung: Allegorie oder Liebeslied?

Allegorie oder Liebeslied?

מה דודך מדוד
Was ist Dein Geliebter so Besonderes?

Mit einem überlegenen oder ironischen Lächeln beliebt man in der neueren Bibelwissenschaft die Allegoriesierung des Hohenliedes zu betrachten. Man stellt es so dar, als hätte eine nachträgliche strengere Bibelauffassung an dem weltlichen Liebesliede im Kanon Anstoß und zu einer Umdeutung auf ein übersinnliches Liebesverhältnis, auf das Gottes zu Israel ihre Zuflucht genommen. Es wird dann wohl auch mit einer gewissen Entdeckerfreude der ursprüngliche Sinn aus der allegorischen Verhüllung wieder freigelegt, so etwa wie in Scheffels „Ekkehard" der in Liebe entbrannte Mönch in beseeligter Überraschung den Ursinn des Liedes als Spiegel und Echo seines liebeglühenden Herzens „entdeckt".

Mir scheint alles dies auf einer völligen Verkennung vom Wesen der Allegorie zu beruhen. Es sei daher verstattet, an einem neutralen Beispiel den Sachverhalt zu illustrieren, an Goethes Gedicht: Mahomets Gesang. Im Bilde eines Stromes, seines Wachstums in allen Phasen malt der Dichter das Wesen des Genies. Gesetzt, die Überschrift Goethes wäre verloren gegangen. Man hätte dann zunächst nur die Entwicklungsgeschichte eines mächtigen Stromsystems vor sich, als hätte der Dichter uns dieses selbst in seiner völkerverbindenden Bedeutung vorführen wollen. Nur an einigen Stellen verrät der Poet in leisen Anspielungen, daß er etwas Andres meint als das Bild des Flusses:

„über Wolken nährten seine Jugend gute Geister"

„und mit frühem F ü h r e r t r i t t reißt er die Bruderquellen mit sich fort"

„keine Blumen, die ihm seine Knie' umschlingen, ihm mit Liebesaugen schmeicheln" . . .

Gleichwohl würde nach dem schlichten Sinne das Bild des Flusses für sich allein Inhalt und Ziel des Gedichtes zu sein scheinen. Ich frage nun: wird ein W e s e n t l i c h e s hinzugetragen, wenn jemand käme und sagte: dieses Bild des Stromes ist zugleich eine Veranschaulichung vom Werdegang und dem Leisten eines großen Menschen, eines Mahomet? Alles Vergängliche ist nur ein Gleichnis. Sind die Merkmale der Flußentwicklung und die des Genies ähnliche, so hat der Dichter, der die Geschichte eines Riesenstromes überlegen darstellt, die „Nutzanwendung", die geistigen Analoga seines Bildes selbstverständlich mit charakterisiert, und die künstlerisch empfindende Seele hört von selbst bei seinen Worten ihre allegorische Vieldeutigkeit heraus.

Oder anders formuliert:

Nur deshalb reizt das Bild des Stromes den dichterischen Sinn, weil es in sich ein Mehreres verkörpert, weil es in allem sein Gegenstück findet, was aus kleinen Anfängen zu großer Selbstentfaltung, zu entscheidender „Beeinflussung" weiter Lebenskreise vordringt und emporsteigt. Die „Geister singen über den Wassern", dem genialen Ohre vernehmbar künden sie im Bilde des Wassers das Gleichnis der Seele. Jedes Kunstwerk, der redenden wie der bildenden Kunst, das nicht über das Zufällige des künstlerischen Motivs und Vorwurfs hinausweist, das nicht in seiner Begrenzung das Unendliche, das Unaussprechliche, das nur im Gleichnis und Bilde Faßbare mitklingen läßt, ist sowenig ein Kunstwerk, wie ein akustisch isolierter Ton, bei dem keine Obertöne mitschwingen, musikalisch brauchbar ist, sondern kalt und eindrucklos verhallt. Es ist geradezu der Gradmesser für den Rang eines Kunstwerks, wie reich und tief die u n a u s g e s p r o c h e n e Stimmungswelt ist, welche in uns beim Betrachten oder Hören ausgelöst wird.

Ebenso aber ist die Frage ganz unwesentlich, ob die Dichtung Schir Haschirim eine Allegorie ist. O b s i e e s s e i n k a n n, das ist die Frage: ob die darin dargestellte Liebe das Höhere ahnen läßt, ob sie aus dem Vergänglichen hinaus in den Regionen der edleren Gefühle und Regungen, in die Welt der Gleichnisse und Ideen hinführt, oder ob sie bei den sinnlichen, unbedeutenden Merkmalen stehn bleibt, die kahl und schal wirken wie Prosa, ohne die Innerlichkeit und Geistigkeit der Kunst. Selbstverständlich stellt Schir Haschirim eine Liebe dar, führt dieses Thema streng und künstlerisch durch und bleibt durchaus im Rahmen derselben. Und wenn der Verfasser selbst vor uns stände und bekundete, er wollte damit nichts als eine Allegorie geben, so wäre damit nicht im allergeringsten das Bild als solches in seinem Eigenleben und seiner Eigenbedeutung betroffen.

Aber wie Goethe in „Mahomets Gesang" durch Ausdruck und Nuance den letzten Sinn seines Strombildes verraten hat, so ist Schir Haschirim voll der Anspielungen auf etwas Höheres, dem gegenüber die Exegese sonst versagen würde. Der Geliebte wohnt in „duftigen Bergen" und steigt nur dann und wann in seinen Garten hinab, um unter Lilien zu weiden und Rosen zu pflücken. Er ist ein Ungewöhnlicher in seiner Art, hervorragend unter Myriaden, mächtig wie Zedern, erhaben wie der Libanon. מה דודך מדוד heißt es zweimal im Liede, „was ist Dein Geliebter anders als jeder sonst?" Er ist u n a u f f i n d b a r der irrenden Braut, wie allen ihn Suchenden. Er ist allen andren f r e m d — מי יתנך כאח לי וגו׳ — sie würde ob ihrer Liebe zu ihm verlacht und verspottet werden. Seine Liebe ist besser als Wein und Sinnenrausch.

Wo die Braut von ihm in sinnlichen Farben redet, erfahren ihre Worte sogleich eine geistige Umdeutung: „An Duft sind deine Salben lieblich", sagt sie, aber sogleich: „wie ausgegossenes Öl ist dein Name, dein Wesen"; oder: „wenn mein König seinen Festzug hält, soll mein Nardenbüchslein duften", aber sogleich: „das Myrrhenbündel ist der Geliebte mir, der ruht an meiner Brust".

Aber viel entscheidender dünkt uns die Frage nach der Person der Geliebten zu sein. Es heißt im Verse I, 3 משכני אחריך נרוצה „hole mich, wir wollen Dir nacheilen"; ich frage: ist denn das logische Subjekt des Satzes Singular oder Plural? Die Modernen versuchen אחריך zu משכני zu ziehen: „hole mich Dir nach, laßt uns eilen" was zwar den Akzenten widerspricht, aber immerhin gelten mag. Jedoch wie weiter? „Bringt der König mich in sein Gemach, so wollen wir mit ihm jubeln und frohlocken, wollen seine Liebe preisen mehr als Wein". An dieser Stelle versagt, wenn der massoretische Text bleiben soll, fast jede Möglichkeit einer Erklärung durch ein singulares Subjekt; hier ist man wohl oder übel gezwungen, zu bekennen: das weibliche Subjekt ist ein Kollektives, das von sich bald in der Einzahl, bald in der Mehrzahl spricht. Die Braut ist ein Volk.

Eine Parallele aus dem Propheten Micha beweist dies zur Evidenz. עברי לכם יושבת שפיר „Ziehe Eures Weges, Du Einwohnerin von Schafir, schmachvoll nackt," (Micha 1,11.) heißt es dort in bezeichnendem Wechsel von Einzahl und Mehrzahl. Auch des Verses Fortsetzung zeigt erneut, daß ein kollektives Subjekt als Singular und Plural zugleich gilt: „niemals mußte sie hinaus, die glückliche Bewohnerin von Zanan, aber die Trauerkunde von Beth Haezel nimmt Euch die Bleibe."

Für den allegorischen Charakter des hohen Liedes ist die Tatsache sprechendster Beweis, daß keiner von den Modernen umhinkann, an den entscheidenden Stellen, die das Konzept eines schlichten Liebesliedes verderben, Textänderungen vorzunehmen.

Diesen Charakter der Braut als eines Kollektivums ergibt auch die Wendung: איומה כנדגלות, sie sei furchtbar wie ein Heeresbann, endlich die Stelle: מרכבות עמי נדיב wo sie in deutlicher Form ein Volk, ein Geschlecht genannt wird. [1]

Höchst beachtenswert erscheint uns auch das Folgende:

Wenn Bastian (l. c. S. 288) schreibt: Die ersten 7 Tage nach der Hochzeit spielt der syrische Landmann und seine junge Frau die Rolle von melik und melika, so führt die Braut des Hohenliedes den Namen Königin nie. Wenn andrerseits diese die ganze Stufenleiter der Empfindungen und Leiden durchläuft, allen Schmerz der Liebe durchkostet und den Sturm ihres Herzens uns malt, so gilt das alles nicht für den Freund ihres Herzens in voller Gegenseitigkeit. Von seinen Gefühlen ist nie die Rede, aus Wolkenferne tritt er als Liebender oder Gatte in des Sanges Bereich, rufend, lobend, von seinem Glück erfüllt. Es ist die Geschichte von Sulamiths Liebe, nicht der Salomos, die uns melodramatisch vorgeführt wird.

---

[1] Die Töchter Jerusalems, soweit sie zu der Braut in Beziehung stehen, werden immer masculin gebraucht: אל תראוני. מה תגידו לי. השבעתי אתכם; wo jedoch beide zur Einheit verschmelzen, da heißt es in weiblicher Form: צאנה וראינה בנות ציון

Wo aber das Lob der Braut gesungen wird, da wird Bild um Bild aus der Natur und den Städten des heiligen Landes gewählt; wie eine wunderbare Symphonie von Land und Volk klingt dieses Lob. Nur so erklären sich die kühnen Vergleiche:

Dein Haar gleicht der Ziegenherde am Abhang des Gilead.

Deine Nase wie ein Wartturm des Libanon, der schaut gen Damaskus.

Deine Augen wie die Weiher von Hesbon, am Tore von Bath-Rabim.

Dein Haupt gleicht dem Karmel.

Vor allem: Schön bist Du wie Jerusalem, lieblich wie Thirza.

Anders bei der einzigen Schilderung des Geliebten, welche die suchende Sulamith gibt. Nur ein Bild aus des Landes Natur: ragend ist er wie der Libanon. Sonst bewegt sich ihre Darstellung in ganz allgemeinen, viel weniger konkretisierten Linien.

Alles in allem, scheint uns, hat der Dichter die Allegorie unverkennbar, ja unausweichlich gemacht, wenn man den Text bestehen lassen will, wenn man sich ehrlich fragt, ob ein Sänger von irdischer Minne Sold wohl so sich ausgedrückt haben würde.

Ist aber die Allegorie einmal zugestanden, dann ist das ganze Liebesmärchen von hinreißender Deutlichkeit. Dann ist die vermummte Braut, die im Sonnenbrand ihrer Schönheit verlustig geht, die an fremdem Gute Dienste tut, Israel in Ägypten; dann ist ohne weiteres klar, warum sie der Stute am Wagen Pharaos verglichen wird, daß in der Stunde der Befreiung der Goldschmuck ihr, der von den einstigen Herren reich beschenkten, so gut stehe, daß sie sich als Lilie vom Saron bekennt, die nicht ins Ägypterland gehört, daß sie dem Rufe: „die Taube girrt und die Blüten prangen in unserem Lande", so sehnsüchtig entgegenharrt, ihm aber dennoch nicht sogleich folgen kann, daß der Geliebte von der Wüste heraufkommt von 60 (Myriaden) Helden von den Helden Israels begleitet, daß endlich erst viel später, lange nach der endgültigen Erwählung Israels als Gottesvolk der Einzug in den Garten Palästinas erfolgt.

Und denken wir jetzt an die prüfungsreiche Geschichte Israels in der Richterzeit und Königsepoche! Wie das Volk leichte und schwere Untreue sich zuschulden kommen läßt, wie Gottes Warnungen erst ungehört verhallen, und Israel dann, von den umwohnenden Völkern, „den Wächtern der Mauern", geschlagen und verwundet wird, ja wie es, aus seinem Lande wandernd, seine Treue gegen Gott unter Blut und Leiden bezeugen muß, bis zum zweiten Male aus der Wüste der Geliebte kommt zu letzter fester Vereinigung.

Man denke an des Hosea Worte: „Hadert wider eure Mutter, denn sie ist nicht mein Weib, und ich bin nicht ihr Gatte, daß sie ihre buhlerische Schminke sich vom Gesicht nehme und den unzüchtigen Schmuck von ihrem Busen: .... denn untreu ist der Kinder Israel Mutter geworden, mit Schande bedeckt ihre Erzeugerin, und sie spricht: ich will meinen Liebsten nacheilen, die mich beschenken mit Brot und Wasser . . . . . und so eilt sie ihren Liebsten nach und kann sie nicht erlangen und sie nicht finden. Dann denkt sie: ich will gehn und umkehren zum ersten Gatten, denn besser war mir damals als jetzt . . . . Fürwahr, ich werde sie überreden und nach der W ü s t e führen, ihr zu Herzen sprechen und ihr ihr Glück — ihre Weinberge — schenken v o n d o r t und ihr Unglück wandeln in neues Hoffen, und dann wird i h r e L i e b e sie mir bekennen wie in J u g e n d t a g e n und wie einst, da sie heraufzogen aus dem L a n d e Ä g y p t e n" [Hosea II, 3—17].

Also auch hier das gleiche Bild und der gleiche Parallelismus zwischen Israels erster und letzter Erwählung, die Wüste hier wie dort die Stätte des Sichfindens und des Treuebekenntnisses.

Bis in die Einzelheiten geht die Ähnlichkeit des Prophetengleichnisses mit dem hohen Liede: das ונתתי לה את כרמיה משם spiegelt sich in dem כרמי שלי לפני, dem Ausdruck von Israels Selbstgewißheit; die dunkle Anspielung des פשטתי את כתנתי „ich hatte meine Gewandung abgelegt" wird deutlich illustriert, wenn Hosea sagt (Vers 15) ותעד נזמה וחליתה ותלך וגי' sie schmückt sich mit Spange und Kette und ging den Liebsten nach, wenn er sagt, daß sie in Gesicht und am Busen die Zeichen der Buhlerin trägt.

Da aber die Stunde der letzten Erlösung noch nicht geschlagen hat, so schließt unser Lied elegisch ab: „entfliehe Geliebter, dem Hirsche gleich, auf die würzigen Berge", in die höhere Welt, bis die Erde für messianisches Glück reif geworden ist.

Allen denen aber, die über die Auffassung des Hohenliedes als eines Sinnbildes die Achsel zucken, denen sei in Erinnerung gerufen, daß eben dieses Bild sich d u r c h d i e g a n z e B i b e l h i n d u r c h z i e h t, daß alle Propheten es fast ständig im Munde führen. Kann es deutlicher ausgesprochen sein, wie in den angeführten Hoseaversen, die mit den stolzen, herrlichen Brautworten schließen: „ich traue mich Dir an in Treue", und „so wirst Du Gottes inne werden"? Kann es deutlicher ausgesprochen werden, als wie es Jesajas mit den Worten 62,5 tut: „wie der Bräutigam sich freut der Braut, so wird Deiner sich freuen Dein Gott?" Wird nicht die Allegorie als selbstverständlich und jedem geläufig v o r a u s g e s e t z t, wenn Jeremija ganz unvermittelt von der Liebe Israels in seiner Brautzeit, deren Gott dauernd gedenkt, redet? Hat nicht in großartiger, herber Realistik mit Malerpinsel Ezechiel im 16. Kap. Zug um Zug das gleiche Bild gemalt? War dieses Sinnbild nicht so vollkommen in das Volksbewußtsein übergegangen, daß der religiöse Abfall nie anders denn als Ehebruch bezeichnet werden konnte?

Es ist ein unüberbietbar sprechendes Zeugnis für die hohe Keuschheit und Sittlichkeit des jüdischen Volkes, daß ihm die Liebe als Ausdruck des menschlich innigsten Bandes ohne weiteres Abbild und Zeichen der „metaphysischen" Liebe, der grenzenlosen Hingabe des Menschen und des Volksganzen an Gott werden konnte und werden mußte. Daher blieb dieses Bild auch immer Eigentum des schlichten religiösen Gemüts und kehrt in hunderten von jüdischen Volksliedern immer und immer wieder. Es blieb nur denen unverstanden, denen die Intensität religiösen Fühlens immer hinter den starken beherrschenden Empfindungen der edlen oder unedlen Sinnlichkeit zurückblieb. Dem Juden war diese Allegorie keine Künstelei, kein von außen Hineingetragenes, sie war das Selbstverständlichste von der Welt. Das Maschal, der Vergleich stellt zwar substanziell Ungleichartiges zusammen, das Vergängliche mit dem Ewigen, das Sichtbare mit dem Reingeistigen, aber nie m o r a l i s c h W i d e r s p r e c h e n d e s, daß das Gemeine Bild des Erhabenen, das Verächtliche Symbol des Großen sein könnte. Wenn z. B. die Propheten Gott mit einem Löwen vergleichen, so geschieht es, weil in der Vorstellung des Löwen das Starke, Königliche, Machtgebietende überwiegt, weil unsere Fantasie an seinen Raubtiercharakter vergißt, ihn nicht sieht[1]. Wenn Issachar ein knochiger Esel, Josef ein Stier heißt, so war eine solche Ausdrucksweise nur möglich, weil diese Tiergestalten sympathische, wertvolle Züge dem biblischen Juden auslösten. Niemals aber kann ein sittlich Minderwertiges, eine Schlange, ein Hund, ein Fuchs der Bibel etwas Anderes als Bild des Niedrigen bedeuten. Das bräutliche oder eheliche Liebesverhältnis zwischen Mann und Weib war den Juden, so heilig und hehr, daß nie ein Stachel bei der Übertragung, ein Peinliches, ein Anstössiges, empfunden ward, daß seine Verwendung oder Ausdeutung für das Edelste, was Menschen kennen, auffallen konnte.

Die Frage nach dem Sinn des Hohenliedes hatte daher kein Pikantes, kein Gewaltsames. E s i s t g e w i s s e r m a ß e n g a n z g l e i c h g ü l t i g, ob e s e i n w a h r e s L i e b e s p a a r S a l o m o u n d S u l a m i t h, o d e r o b e s e i n i d e a l e s, ü b e r s i n n l i c h e s m e i n t. Es meint zum Mindesten b e i d e s, n i e m a l s n u r d a s L e t z t e r e. Daher maßgebende Erklärer beide Auffassungen in voller Gleichberechtigung nebeneinander stellen und dem Leser völlig überlassen, wohin sein Gefühl sich entscheidet.

In mustergültiger Weise hat es der größte unserer Erklärer, Raschi, in seiner Einleitung zu שיר השירים, der einzigen, die er einem biblischen Buche vorausschickt, formuliert. Einige markante Sätze daraus mögen hier angeführt sein: „Ein einziges hat Gott gesprochen, ein zweifaches ist das, was ich daraus gehört." (Ps. 62,12). Ein Vers läßt mancherlei Sinn und

---

[1] Allerdings kann mit bewußter Absicht, um das Ohr zu beleidigen, um das Schreckliche und Unerhörte der Ereignisse zu kennzeichnen, Hosea sagen [13.7]: Wie ein Tiger am Wege laure ich, falle sie an wie ein blutrünstiger Bär, reiße ihnen das verstockte Herz heraus . . . Der Prophet will eben dem Hörer es zum furchtbaren Bewußtsein bringen: Gott wird alle Liebe und Schonung fahren lassen.

Deutung zu; aber letzten Endes bleibt der schlichte Ur- und Wortsinn doch zu Recht bestehen. Wohl haben die Propheten in Bild und Gleichnis gesprochen; aber das Bild muß nach seinen Nüancen und eigenem Gefüge, wie die Verse in ihrem Zusammenhang es ergeben, erfaßt und verstanden werden . . . Darum habe ich in meinem Herzen mir gesagt: ich will den Ursinn des Textes mir zu eigen machen und seine Deutung geben nach dem Zusammenhang: die Midraschim unserer Weisen aber werde ich jeden an gehöriger Stelle bringen . . ."

Dem Leser, der nun fragen wird, was unsere Arbeit also Neues gebracht hat, erwidere ich mit Variation eines Lessingschen Wortes: was ich kann, kann jeder, der so fest an Raschi glaubt wie ich.

Die Sprache und Eigennamen des Hohenliedes.

חִכֵּךְ מַמְתַּקִּים
Deine Sprache voll Süße.

Von ganz eigenartigem Reiz ist die Sprache des jüdischen Minnesängers. Sie gleicht einem Tanz der Elfen über einem Blumenteppich. Sie schwankt gleichsam ohne Schwere in Erdennähe, ohne je den Boden zu berühren. Frei von Abstraktionen verharrt sie immer im greifbar-Anschaulichen, scheut es nicht, Bild an Bild zu reihen, alles und alles in den Schmuck des Sinnlichen, Malerischen zu kleiden, ohne dennoch jemals die duftigen Gefilde des Geistigen zu verlassen und die Weite der Gedanken im Konkreten, Dinglichen zu verlieren. Der Seele Rausch ist ihr „ein Haus des Weins", das Heimatland das „Haus der Mutter". „Stadt und Märkte" sind der Seele Gefängnis, das „Dorf" und umsomehr die „Wüste" die freie Welt der selbstgenügsamen Liebe. Des „Gaumens Lust" ist das holde Wort der Zuneigung, „Würze und Duft" der Ausdruck des Wohlgefallens, des Angenehmen. Gedankennähe ist ihr ein „Siegelring auf dem Herzen", die Liebe ein „Feuer göttlicher Flamme". Des Hauses Kraft und Schönheit stellt sie als „Zederngebälk und Zypressengetäfel" dar, oder die Gesundheit des Leibes als Fülle glänzenden Haares und Harmonie blendend weißer Zähne. Schier unerschöpflich ist die Kraft, mit welcher die Gedanken in die Bildform gebannt werden.

Diese Bildersprache ist kein bloßes Ornament, kein poetisches Spiel. Sie hat im a l l e g o r i s c h e n Charakter des ganzen Bildes ihre Wurzel und ergibt sich aus ihr mit künstlerischer Folgerichtigkeit. In der Allegorie tritt an die Stelle des zu behandelnden Gegenstandes sein Bild, dieser selbst bleibt unsichtbar im Hintergrunde wie die platonische Idee hinter den einzelnen Dingen. In dieser Gleichsetzung von Objekt und Bild liegt immer ein künstlerischer Mut; es hebt das Bild weit hinaus über seinen Eigenwert, es läßt in solcher Identifizierung die hohe Weihe und Würde alles Irdischen ahnen, daß es stellvertretend das Unaussprechliche, das Kind der Geisteswelt darstellt und ersetzen darf. August Wünsche sagt darüber einmal: „Stünde nicht alles Endliche zu einander in einem gewissen Gleichheits- oder Ähnlichkeitsverhältnis, repräsentierte nicht jedes Wesen und jede Wesenheit auf eigene Weise den ganzen Gliederbau des Weltalls, so könnte das eine dem andern schlechterdings nicht als Abbild dienen. Und gehen wir noch einen Schritt weiter: Da alles in Gott ist, ... so ist jedes Wesen und jede Wesenheit auf eigne Weise ein in seiner Art geschlossenes und vollständiges Gleichnis Gottes"[1] ... Darin erblickt Wünsche den höchsten und letzten Grund des sprachlichen Bilderschmucks.

---

[1] Die Bildersprache des Alt. Testaments 1906. S. 21.

Nirgends gilt dieser hohe Gesichtspunkt aber mehr als im Hohenliede. Das ist die Kraft der Liebe, daß sie alles, was in ihren Bereich tritt, adelt und emporhebt. Da verschwindet überhaupt der Gegensatz und Dualismus von Leib und Seele, von Körper- und Gedankenwelt. Nichts Sinnliches, das nicht in diesem heiligen Gefühle lediglich als Band der Seelen empfunden wird; nicht letztlich rein Seelisches, das sich nicht verschwistert und verwächst mit dem beglückenden Anblick des geliebten Gegenstandes. Aller Besitz, Haus und Herd, Gerät und Habe, alles wird in diesen Weihebann der Liebe miteinbezogen, ja Natur und Heimat werden erst Teil unseres Selbst, weil in ihnen und mit ihnen die Liebe erblüht. Ganz so wie durch die Liebesmacht, die Israel mit dem Himmel verbindet, alles Erdenhafte seine Schwere verliert, alles sinnliche Tun und Verrichten zum Gottesdienst, der reale Boden des palästinensischen Landes zum heiligen Lande sich umschafft.

Mit dieser höchsten Tatsache menschlichen Liebeslebens macht der Sänger des Hohenliedes Ernst; in ihrem Spiegel sind der Locken Pracht und der Zähne Schmelz, sind Wange und Stirn, Gestalt und Wuchs, ist die Symmetrie des Busens und des Leibes Rundung, alle nur Ausdruck der höchsten, zartesten, reinsten Empfindungen; sind unentbehrlich für den Vollgehalt und das Alles umfassende Liebesgefühl, wie der Plastiker den ganzen Leib des Menschen zum Ausdruck seelischer Gluten und Fluten benötigt. So jubelt im Hohenliede die ganze Natur im Jauchzen, weil zwei glückliche Menschen in ihr sich finden, so feiert ganz Palästina mit allem, was darauf atmet und lebt, den großen Tag der Herzensfreude König Salomos mit. So zeigt dies Lied den höchsten Triumph der allweihenden, Himmel und Erde verschmelzenden irdischen und religiösen Liebe.

Aus dem künstlerischen Prinzip der Anschaulichkeit ist auch die wunderbare Konzeption des Chores der „Töchter Jerusalems" zu verstehen und zu würdigen. Die Zusammenstellung dieser Begleiterinnen Sulamiths mit dem Chor der antiken Tragödie erscheint uns als eine glückliche. Wie dieser ein Mittel in des Poeten Hand ist, Gedanken, die den Helden, den Zuschauer, den Dichter selbst erfüllen, auf die Bühne zu projizieren und lebendig zu machen, genau so vermag der Sänger des Hohenliedes durch diese Resonanz des Liebeserlebnisses die Geschicke der Braut dem Gewahrsam der Herzensheimlichkeit zu entreißen, sie als ein Ereignis des „geschichtlichen" großen Allgemeingeschehens uns zum Bewußtsein zu bringen und alledem Mund und Sprache zu verleihen, was das teilnehmende Erleben an Gefühlen und Fragen und Gedanken erweckt. Keine schönere Bezeichnung aber konnte der Dichter dieser lieblichen Schar geben als בנות ציון oder בנות ירושלים· Es bedeutet, wie der Vergleich mit den Versen: צעקנה בנות רבה (Jer. 43, 3) מן תשמחנה (Ps. 48, 12 und 97, 8) ותגלנה בנות יהודה

בנות פלשתים (2 Sam. 1, 20) u. a. m. lehrt, alle die zu Jerusalem teilnehmend stehen und ihm seelisch zugehören. In feiner Weise erklärt der Midrasch diesen Ausdruck in konzentrischer Erweiterung am Beginn des Liedes: als die Edelsten und Großen des Volkes, dann als alle Kinder des Jakobstammes, endlich wo Sulamith in die Verbannung geht, als alle Menschenkinder. Aber will man selbst den Ausdruck enger fassen, daß es wirklich die „Frauen und Mädchen von Jerusalem" heißt, wie z. B. אם יצאו בנות שילו לחול (Richt. 21,21) oder יען כי גבהו בנות ציון (Jes. 3, 16) u. a. m. die wirklichen Töchter einer Stadt ansprechen, dann ist eben Sulamith in den Kreis aller ihrer Volksgenossinnen gestellt, um die Besonderheit und Eigentümlichkeit ihrer Liebe zu kennzeichnen. Wir glauben, daß der Psalmvers: שמעה ותשמח ציון ותגלנה בנות יהודה, wo wie immer Zion das Volksganze, die Töchter Judas alle Einzelglieder bezeichnet, auch auf unseren Chor ein helles Licht wirft und in Sulamith mit den בנות ירושלים sein genaues Gegenbild findet. Jedenfalls aber ist die Annahme mancher Modernen, daß diese letzteren „die Hoffrauen Salomos" seien, ganz unbegründet und schon sprachlich schlechterdings unmöglich. Das müßte heißen: בנות המלך wie 2 Sam. 13, 18 oder בנות מלכים (Ps. 45, 10), wo es auch wahrscheinlich Prinzessinnen bedeutet.

In diese Sphäre bedeutungsvoller Symbolik fügen sich auch alle im Hohenliede vorkommenden Eigennamen. Schon die Namen Salomo und Sulamith fordern geradezu die Anspielung auf das „köstlichste der Lippen, Frieden, Frieden", auf Beseeligung und Beglücktsein, auf Ganzheit und Vollkommenheit heraus. Nicht minder aber die Namen ירושלים und תרצה die Städte des Friedens und des Wohlgefallens, חשבון und בת רבים die Stätte des Denkens und des Volksreichtums, חרמון und לבנון die „weißen Berge" voll Glanz und Reinheit, שרון und גלעד die „grade" Tiefebene und das „zeugnisreiche" Hügelland. Im Augenblick ihrer Freiwerdung vom fremden Dienst ist die Braut gleich der „Stute am Wagen Pharaos": beim Einzug in das Land der Sehnsucht, das erst der Sohn Isais ganz Israel zu eigen gegeben, gleicht ihr Hals dem „Turm Davids, dran tausend Siegestrophäen hängen"; wenn sie endlich den bitteren Gang in die Fremde geht, da ist ihr Antlitz wie ein „Turm des Libanon, der gen Damaskus schaut," dem Kreuzungspunkt aller Straßen, die von Palästina in die Länder des Exils führen.

So ist alles auf den gleichen Ton reichster Beseelung abgestimmt; wo die Liebe wandelt, wird alles Gleichgültige wichtig, wird die stumme Welt beredt, die ganze Natur zum Ausdruck höchsten Erlebens und reinster Sittlichkeit.

Exegese und Midrasch.

רפדוני בתפוחים אלו ההגדות

Heilet mich mit Liebesapfeltrunk, das sind
die agadischen Deutungen.

Es ist von entscheidender Bedeutung gerade für die Erfassung des
Hohenliedes, über das Verhältnis des Wortsinnes zu den Deutungen der
Midraschweisen sich klar zu werden.

Die Lehrer der alten Zeit, deren ganzes Denken im Bibelwort wurzelte,
die der hebräischen Gedankenwelt so unvergleichlich viel näher standen
als wir, waren auch gewiß die besten Kenner und die allein authentischen
Interpreten des unmittelbaren, natürlichen Sinnes der heiligen Worte. Und
wenn sie auch die Unerschöpflichkeit, den tausendfältigen Reichtum der
Nüancen und Beziehungen, die vielen Möglichkeiten des betrachtenden
Standpunkts bei jedem Verse betonten, so wurden sie andererseits nicht
müde, die unerschütterliche Geltung des Ursinns als fundamentales Axiom
hinzustellen und diesen durch den Cardinalsatz אין מקרא יוצא מידי פשוטו gegen
alle Verdunklung sicherzustellen. Die Einheitlichkeit des Midrasch in verschiedenen Stilarten, sagt Hermann Cohen, wäre schier ein unbegreifliches
Wunder, wenn nicht der biblische Urgeist hier das psychologische
Szepter führte ... es muß doch Wunder nehmen, wie lebendig der Bibelvers in dem Bewußtsein dieser Menschen gewesen sein muß, wenn sie
sich seiner zu ihren oft ... weit hergeholten Argumenten bedienen konnten ... Es kann die Voraussetzung nicht umgangen werden, daß These
und Bibelvers hier blitzartig miteinander auftauchen ... Nur
die innere Lebendigkeit des Bibelwortes gibt hier den Aufschluß ... für
seine vulkanische, vielmehr organische Schöpferkraft. Aber in der klassi-
schen Zeit ... hat diese Lebendigkeit eine noch tiefere Kraft und Frucht-
barkeit gehabt und durchgeführt. (Die Religion der Vernunft S. 463.)

Den Sachverhalt möchte ich an einem physikalischen Gleichnis er-
läutern: am Begriff der „Klangfarbe". Schlage ich denselben Ton mit
der gleichen Stärke auf zwei verschiedenen Instrumenten, etwa Klavier
und Geige an, so sind die Töne nicht gleich; was sie charakteristisch unterscheidet, bezeichnet die Akustik als Klangfarbe. Das rätselhafte Wesen
derselben hat Helmholtz' Genie aufgedeckt. Er wies nach, daß mit jedem
Tone noch andere harmonische Töne, die „Obertöne" mitklingen, ein Chorus
stiller Mitwirker, die für jedes Instrument andere sind. Sie lassen sich
durch Resonanz mittels fein abgestimmter Stimmgabeln einwandfrei nach-
weisen. Das unbewaffnete Ohr jedoch vermag diese Summe von Obertönen
in ihre Summanden, die Einzeltöne, nicht zu zerlegen und hört nur den
stärkstklingenden Grundton in eigentümlicher Färbung erklingen. Doch sind
vom akustischen Standpunkt die Obertöne genau so nachweisbar und wirk-
sam wie ihr Grundton.

Der einfache Sinn des Bibelwortes, der „Pschat" ist der Grundton. An jeder Stelle aber tritt dieser Ursinn des Verses in charakteristischer Färbung, in einer bestimmten A u s d r u c k s f a r b e uns entgegen, und darin liegt die unnachahmliche Schönheit der Bibel. Unsere Weisen besaßen die Fähigkeit und das feinbesaitete Ohr, die Obertöne der Sprache einzeln zu empfinden, die Ausdrucksfarbe zu analysieren und ihre Elemente gesondert herauszustellen. Das ist das Wesen des Midrasch, des halachischen wie des agadischen.

Auf Grund dieser Betrachtung kann aber das M i d r a s c h w o r t r ü c k - w i r k e n d Fingerzeig und Wegweiser sein, an dunklen, unklaren Stellen den ursprünglichen Wortsinn festzustellen. So überraschend es klingt: oft gibt es keinen sichereren Weg zum Pschat als über den Midrasch. Denn wenn, wie der Oberton im h a r - m o n i s c h e n V e r h ä l t n i s zum Grundton stehen muß, die agadische Auslegung nicht eine Willkür, nicht ein reines Phantasiespiel darstellen kann, so ist sie nur u n t e r Z u g r u n d e l e g u n g e i n e s g a n z b e - s t i m m t e n U r s i n n e s m ö g l i c h u n d d e n k b a r. Wir können dann mit Gewißheit schließen, daß j e n e r M i d r a s c h w e i s e i n e b e n d i e s e m S i n n e d e n V e r s a u f g e f a ß t h a t.

Um ein Beispiel zur Illustration vorweg anzuführen, wählen wir den Satz: השבעתי אתכם בנות ירושלים אם תעירו וגו׳, der dreimal im Hohenliede wiederkehrt, für die Beurteilung des Gesamtzusammenhanges daher sehr ins Gewicht fällt. Über seinen Sinn gehen die Meinungen auseinander: Die Rationalisten oder besser Naturalisten unter den modernen Exegeten, die ihr höchstes Können darin setzen, dem hohen Liede einen möglichst grobsinnlichen Inhalt zu unterlegen, wollen darin die abwehrende Gebärde des im Liebesgenuß Schwelgenden sehen: ich beschwöre Euch, stört und scheucht nicht die Liebe, solange es ihr gefällt, m. a. W. verderbt uns Liebenden nicht ein glückliches Schäferstündchen durch eure unerwünschte Gegenwart.

Raschi deutet die Worte תעירו zwar in ähnlichem Sinne, wenn der Vers auch bei ihm sonst ganz andere Bedeutung hat. Auch er nimmt sie als „stören" und leitet dabei das Wort nicht von dem bekannten Stamm עור, sondern von einer im Worte ערך 1. Sam. 28, 16 steckenden Wurzel: Feind sein [1] ab. Die von dem Geliebten getrennte Braut soll in ihrer Zuneigung zu ihm wankend gemacht, von anderen zur Untreue überredet werden und beschwört die zudringlichen Verführer mit den Worten: bringt mich von der Liebe nicht ab, solange sie mir gefällt.

Auffällig an dieser Deutung Raschis ist, daß im ganzen Tnach die Worte העיר und עורר nichts anderes als erregen, erwecken bedeuten. Im

---

[1] Vergl. Daniel IV 16 חלמא לשנאיך ופשריה לעריך.

Hohenliede VIII, 4 selbst bedeutet תחת התפוח עוררתיך gewiß nicht: ich habe dich gestört oder abwendig gemacht, sondern sicherlich: aufgestört, erregt, erweckt. Nach diesem ständig geltenden Sinn der Verben ist zu übersetzen: wecket, erreget die Liebe nicht, bis es ihr gefällt. Dann ist der Satz der Ausdruck dafür, daß infolge der wachsenden Sehnsucht eine Ungeduld, ein stürmisches Verlangen nach dem Ziele ihrer Hoffnung die Braut erfüllt, daß sie daher flehentlich bittet, die Gefühle nicht zu reizen und zu steigern, bis die Stunde der Liebe geschlagen.

Welche Deutung ist nun die richtige? Oder wie haben die Alten den einfachen Sinn des Verses verstanden?

Der Talmud Kethub. 111a sowie der Rabba z. St. bringen von vielen Tannaim und Amoraim Deutungen in folgendem Sinne: Gott habe mehrere Eide, zwei, drei, vier oder gar sechs Schwüre schwören lassen, die Zeit der Erlösung ruhig abzuwarten; Israel und die Völker mußten sich verpflichten, nicht gewaltsam die Endzeit herbeizuführen oder herauszufordern.

Um einige Formulierungen herauszugreifen: „Rabbi Jose bar Chanina sagte: zwei Eide werden hier genannt: einer an Israel, einer an die Völker; dieses mußte schwören, nicht das Völkerjoch abzuwerfen, jene, den Druck auf Israel nicht unerträglich zu machen, denn wenn sie also täten, würden sie vorzeitig das Ende erzwingen‏ (גורמין לקץ לבא שלא בעונתו).‏"

„Raw Jehuda sagte: wer von Babel nach Erez Jisroel zieht, übertritt ein Gebot: wecket die Liebe nicht, bis es ihr gefällt."

Diese Stelle zeigt mit vollster Deutlichkeit, daß als Ursinn den Weisen die Deutung Raschis von der Störung noch obwaltender Liebe n i c h t vorgeschwebt haben kann, sondern daß sie die fraglichen Worte‏ תעוררו תעירו als das: Wecken und Erregen einer schlummernden, noch nicht reifen Liebe genommen. Nur dann kann im übertragenen Sinn darin zugleich die Mahnung liegen, in der Sehnsuchtsnacht des Golus die Ausdauer zu bewahren und der göttlichen, noch nicht zum Durchbruch kommenden Liebe nicht vorzugreifen. S o k a n n a l s o a u c h d e r M i d r a s c h e n t s c h e i d e n, w a s i n d e n A u g e n d e r A l t e n d e r s c h l i c h t e S i n n d e s V e r s e s i s t.

Es bleibt zwar immerhin möglich, daß verschiedene Midraschim zu einem Satz keine einheitliche Grundauffassung voraussetzen, sondern daß aus ihnen eine Differenz über den Ursinn des Verses sich ergibt.‏ (והאי‏ תנא בהאי פסוקא מאי עביד ליה מבעי ליה להתם) Das kann nicht wundernehmen, da in der Tat oft verschiedene Auslegungen gleichberechtigt, ohne daß eine Entscheidung zwischen ihnen möglich wäre, nebeneinanderstehen. Nur das ist festzuhalten, daß j e d e M i d r a s c h d e u t u n g a u f e i n e n a c h a l l e n G e s e t z e n s t r e n g s t e r s a c h l i c h e r E x e g e s e g e w o n n e n e V e r s e r k l ä r u n g z u r ü c k g e h e n m u ß.

So mannigfaltig aber wie das Verhältnis der Obertöne zum Grundton ist, so reich ist die Fülle der Möglichkeiten für die Agadah, dasselbe

Grundthema zu variieren, die „Ausdrucksfarbe" des Schriftwortes regenbogenfarbig zu zerlegen. Die Anspielungen und Anlehnungen sind wohl gesetzesmäßig, nicht aber nach einer durchgängigen Methode, einem einzigen Schema gewonnen. Wo nun zahlreiche Lehrer des Midrasch unabhängig von einander dieselben oder ähnliche Folgerungen und Erweiterungen finden und aufzeigen, wo zu verschieden Zeiten und Gelegenheiten derselbe Gedanke aus dem Verse sich dem forschend suchenden Geiste darbot, da ist es natürlich um so ersichtlicher, daß dieser Oberton in der Ausdrucksfarbe stärker mitklingt, da ist es desto gewisser, daß er in einfachem harmonischem Verhältnis zum Grundsinn stehen müsse. Wenn daher die Häufung der Midraschim uns viele der „Chachme Agada" mit gemeinsamer Grundthesis vorführt, da ist diese Übereinstimmung ein starkes Zeugnis für die sich ergebende Auffassung.

Auf Grund dieser Erwägungen wollen wir nun versuchen, die strittigen Partien vom Hohenliede aufzuhellen, wollen aus den Obertönen reziprok den Grundton gewissenhaft zu bestimmen suchen.

Es sei zunächst der vielumkämpfte Schlußsatz des sechsten Kapitels נדיב עמי מרכבות שמתני נפשי ידעתי לא nach dieser Methode untersucht. Es ist ein Vers von ungeheurer Wichtigkeit: das kleine Wörtchen עמי paßt in kein Schema eines Liebesgedichtes hinein, es sprengt die Enge und zwingt zur Allegorie. Grade deshalb konjiziert man gern[1] an ihm herum oder läßt ihn unbeachtet beiseite. Das Ich dieses Verses ist, da in der ersten Person die masculine und feminine Form nicht differenziiert sind, von vorneherein zweifelhaft: redet die Braut oder ihr Freund in diesen Worten?

Der Midrasch Suta (Ed Buber, S. 37) deutet:

לא ידעתי נפשי שמתני; אלו ישראל שהיו במצרים מצפים לגאולה וכשגאלם המקום הושיבם
בעני כבוד אמרו ישראל הרי אנו יושבים עם המלך בריכב שלו לכך נאמר עמי נדיב
ד״א אלו ישראל בימי ברק ודבורה שבאה גאולה ע״י ד״א עמי נדיב זה היום שהתנדבו ישראל
למשכן ואף לע״ל אוהבם נדבה·

„In Ägypten harrte Israel gottergeben der Erlösung: als Gott sie dann befreite, ließ Er sie unter den Wolken der Herrlichkeit wohnen. Da sprach Israel: „Wir sitzen mit dem König in seinem Wagen." Oder der Vers geht auf das opferwillige Israel in den Tagen Deborahs und Baraks, da ihnen die Erlösung kam — (es heißt dort: עם בהתנדב) oder: es spricht von den Tagen der Opferwilligkeit und Hingabe Israels für das Stiftszelt; aber auch in Zukunft wird Gott sie dafür mit hingebender Liebe umfassen."

Wie kam der Midrasch zu diesen Deutungen? Die Nebeneinanderstellung der Beispiele zeigt, er zielt auf Fälle der jüdischen Geschichte

---

[1] Vergl. die früher angeführten Deutungen Brods und andrer. Gesenius sagt in seinem Lexikon 17. Aufl. sub שים ehrlich: Cant. 6.12 ganz unklar.

ab, wo infolge der Hingabe und religiösen Freudigkeit des Volkes Gott in außerordentlicher Weise sich ihrer annahm, daß Israel gewissermaßen in der Merkabah, dem Wagen der göttlichen Weltleitung, fuhr. Es spielt u. E. auf die Worte Habakuks an: רכבת על סוסיך מרכבותיך ישועה, „du lenkst auf Deinen Rossen Deinen Himmelswagen zu ihrem Heil." Oder anders ausgedrückt: Gottes Himmelswagen wird zum Wagen des edlen, frommen Volkes.

Dann ist der Satz, der ihm zu Grunde liegt, zu übersetzen: „Ich weiß nicht, unvermerkt hat meine Seele mich zum Wagen und Vorspann meines edlen Volkes gemacht."

Diese Übersetzung ist allein zulässig, weil in שה״ש selbst: שים mit doppeltem Akkusativ: „machen" bedeutet wie שמוני נוטרה, und ebenso in ganz תנ״ך nie in anderem Sinne vorkommt. Man vergleiche z. B. Ps. 91,9 עליון שבת מעוניך. Gen. 28,22 והאבן הזאת אשר שמתי מצבה. Jes. 54,12 ושמתי כדכד שמשותיך vor allem: Ps. 104,4 השם עבים רכובו, er macht Wolken zu seinem Gespann. Solche Wendung wie: „sie macht mich zum Wagen", die zuerst eigenartig anmutet, ist im jüdischen Schrifttum alltäglich: Jes. 41,15 ich mache dich zur Dreschwalze. Zach. 9,13 ich mache dich zum Schwert. Hab. 1,12. Gott macht ihn zum Gericht. Ez. 19,5 sie macht den Jungleu zum Löwen.

Nach alledem ist es unzweifelhaft, daß Midrasch Suta den Wortsinn so gefaßt: ich habe mich zum Wagen meines edlen Volkes gemacht. Es ist der Vers dann von dem Freunde gesprochen. Der Midrasch hat mit feinem Ohr aus מרכבות die Hindeutung auf die Exilsvision der Merkabah, der wunderbaren Gottesherrlichkeit vernommen. Mit diesem Vers in solchem Wortsinn ist dann der allegorische Charakter des hohen Liedes besiegelt.

Der Midrasch Rabba hat zu Anfang als Boraitha des Rabbi Chijah dieselbe Deutung wie Sutah: eine Prinzessin im Bettlerkleide wird von ihrem königlichen Vater erkannt und von ihm in seinen Wagen gehoben; so Israel in Ägypten von Gott. Jedoch gehen die weiter gegebenen Deutungen offenbar auf eine andere Nüance des Verses ein.

Es heißt dort: Der Vers rede von Joseph, der in so seltsamer Weise vom Sklaven zum König gemacht worden sei, von David, der aus dem Verfolgtem ein Herrscher über Israel wurde, von Mordechai, dessen Trauergewand in den Purpur eines Ministers sich wandelte, endlich von einem Schneider aus Sepphoris, der von Rom zum Statthalter befördert wurde. Sie alle hätten im Erstaunen über ihr Schicksal die Worte von sich gesagt[1]: לא ידעתי נפשי שמתני.

---

[1] Man beachte, daß hier einem Mann aus dem Volke diese Worte in den Mund gelegt werden, offenbar auf Grund wirklicher Erlebnisse. Es muß also jedermann ohne weiteres die Angemessenheit dieses Verses auf die Situation empfunden haben, dieser gewissermaßen als solcher sprichwörtlichen Charakter genossen haben; wie hätte ihn auch wohl sonst der agadische Prediger vor seinen Zuhörern so verwenden können?

Der Vers muß also eine auffällige Wandlung des Lebensloses zum Ausdruck bringen, den Betroffenen selbst merkwürdig und überraschend. Die Beispiele sind von Männern gewählt, die zu Führern und Leitern ihres Kreises wurden, die zu Vorspann und Wagen, zum מרכבת המלך ihrer Gemeinschaft sich emporschwangen. Ja es wird (s. Rabba daselbst) sogar auf das Volksganze angewandt: „Israel spreche zu den Völkern, die über seinen Sturz triumphierten: mir selbst überraschend führt Gott mich von Dunkelheit zum Licht."

Am Schluß fügt dann der Rabba die Worte hinzu: מרכבות עמי נדיב: עמי הלך נדיב עולמים mit mir ging der ewig Liebevolle. Die Agada ging hier wie folgt vor: Das Wort עמי נדיב kann auch heißen: das Volk eines Edlen, eines Fürsten, (wie שוכני סנה vergl. Raschi); und es wird dann das Wort „Edler" auf Gott bezogen.

Offenbar sind jetzt die Worte der Braut in den Mund gelegt. Unversehens ist sie Vorspann für das Volk eines Edlen geworden. Es fügt sich auch diese Auffassung ganz in den Zusammenhang, wo es heißt: Die Einzigkeit dieser Braut wird von Königinnen und allen Frauen anerkannt, alle begrüßen sie als eine „neue Morgenröte" מי זאת הנשקפה כמו שחר וגו'. Diesen Stimmen der aufdämmernden Erkenntnis, der Vorahnung der einstigen Anerkennung Israels unter den Völkern, gelten dann die freudigen Worte: Der Menschheit, dem Volke des Weltfürsten bin ich unvermerkt vorangeeilt, als Wegbahner und Zielbereiter. In derselben Weise sind Joseph in Ägypten, David und Mordechai ihrem Volke Vorspann und Wegebner gewesen.

Beide Midraschim gehen also, wenn wir das Resultat uns nochmals vor Augen führen, auf eine exakte Wortdeutung zurück. Sind die Worte des Verses vom Geliebten gesprochen, so ergibt sich als Oberton die Deutung des Midrasch Suta, entstammt sie der freudigen Überraschung der Braut, so klingen die Deutungen des Rabba mit an. Jedesmal aber wissen wir genau, wie die Weisen selbst den Pschat des Verses gefaßt haben.

Wir hatten uns bereits früher der Führung des Midrasch anvertraut, als es sich darum handelte, den eigentlichen Kern des Verses V 3 mit seinen für die Erfassung des gesamten Liedes bedeutsamen Anspielungen zu ergründen. Der Jalkut bemerkt dazu:

פשטתי את כתנתי וג': וכי יש אדם שפושט ואינו לובש? אלא תשובה לעע"א שרוצים להטעות את ישראל' אנו נמולין לשמונה ימים יכולים אנו להסיר את המילה? רחצת את רגלי במימי הכיור איככה אטנפם באלילים?

„Ich hatte mein Gewand ausgetan etc. Gibt es denn einen Menschen, der sich entkleidet und sich nicht wieder ankleiden kann? Das ist vielmehr die Antwort Israels an die Heiden, die sie verführen wollten: wir sind mit acht Tagen mit dem Abrahamszeichen gezeichnet, können wir das Siegel des Bundes austun? Wir haben im Weihwasser des Beckens die Füße uns gewaschen, können wir sie mit Götzendienst beflecken?"

Diese Deutung faßt את כתנתי „mein Gewand" als etwas was abgetan werden soll, was erlaubterweise nicht getragen oder wieder angelegt werden darf, in entsprechender Weise wie die Waschung der Füße die Reinigung vom Staub der irdischen oder gar verbotenen Wege bedeutet. Das Gewand muß daher im Ursinn des Verses die Jungfrauentracht bedeuten, die bei der Eheschließung für alle Zeiten abgelegt werden soll. Das רחצתי את רגלי aber zielt auf die unsteten Wanderjahre der vorehelichen Knechtschaft Sulamiths ab, deren Staub nun abgeschüttelt ist und die fürderhin mit dem Frieden des ehelichen Heimes vertauscht worden sind.

Jedoch gibt in obigen Midraschworten Israel nicht etwa selbstgewiß diese Antwort den Heiden, in Wirklichkeit legt es damit ein Schuldbekenntnis ab. Das ergibt sich daraus, daß alle Midraschim einmütig den vorgehenden Vers אני ישנה als eine schwere Selbstanklage fassen. Heißt es doch nicht ישנתי ich schlief, sondern bezeichnenderweise: ich war schläfrig, träg, selbstvergessen dem Schlummer hingegeben. Aus all diesen Erwägungen heraus gelangten wir zu der Auffassung: „ich hatte mein Jungfrauengewand abgelegt, wie mochte ich es nur wieder antun? ich hatte doch die Füße mir gewaschen, wie mochte ich sie nur wieder beflecken?"

Der Rabba z. St. schlägt einen leise veränderten Weg ein.

Rabbi Jochanan sagt: selbst die einfältigste unter den Einfältigen weiß sich aus- und anzukleiden, und du sprichst: wie soll ich mein Kleid wieder anlegen? Darum sagen R. Jochanan und Rabbi Chanina: am Tage, da Nebuchadnezar den Tempel zerstörte, zog er mir die zwei Ehrengewänder aus: das Gewand des Königtums und das des Priestertums; רחצתי את רגלי die Füße hatte ich vom Götzendienst gereinigt und wußte doch wohl, daß der Staub jenes Ortes mich zum Götzendienst verleiten würde.

Hier ist כתנתי als ein Ehrenkleid, also als das eheliche Kleid gefaßt. Damit stehen die beiden Vershälften allerdings nicht mehr in korrespondierendem Parallelismus des Sinnes. פשטתי את כתנתי bedeutet ein Unglück, רחצתי את רגלי das Gegenteil; איככה אלבשנה ist Ausruf des Verlangens, איככה אטנפם ein solcher des Schreckens: „ich habe mein Ehegewand abgelegt, wie kann ich es nur wieder antun? ich hatte die Füße mir gewaschen, wie habe ich sie mir wieder beschmutzen können?

Der äußere Gleichklang der beiden Vershälften macht es wahrscheinlicher, daß sie eine gleiche Stimmung atmen, ihre Bedeutungen verwandt sind. Darum wir der Auffassung, wie sie aus Jalkut hervorleuchtet, den Vorzug geben.

Aber notwendig ist ja diese Übereinstimmung paralleler Glieder nicht. Es ist bezeichnend, daß sogar die „einfachste" Deutung: ich hatte zum

Schlafen das Tagesgewand abgetan, wie soll ich es jetzt wieder antun? ebenfalls im Rabba z. St. einen Vertreter und ihre agadische Verwendung findet.

Es sind diese Beispiele ein sprechendes Zeugnis, wie die Predigt der Agadisten, weit entfernt von spielerischer Homilie, in streng sachlicher Weise ihre „oft weit hergeholt" erscheinenden Argumente auf das Fundament der Exegese aufbaut. Sie ist nicht etwa „fromme Deutung": es ist nur das Gerüst entfernt, auf dem der kühne Kuppelbau aufgeführt worden, und dieser scheint ohne Stütze und Pfeiler frei in der Höhe zu schweben. Es ist die souveräne Architektur von Künstlern, die zu stolz sind, das Geheimnis ihrer Statik vor uns bloßzulegen und sich vor uns wegen der Kühnheit ihrer Konstruktion erst ausführlich zu rechtfertigen.

Die Abfassungszeit des hohen Liedes.

הבר נא למי החותמת
Erkenne doch, wes Siegel es trägt!

Im Talmud Baba Bathra 15a heißt es: König Chiskijah und seine Mitarbeiter s c h r i e b e n[1] die Bücher: Jesaja, Sprüche, Prediger und das Hohelied. חזקיהו וסיעתו כתבו ישעיהו משלי קהלת ושיר השירים. Nach den Midraschim zum Buche שיר השירים und der Einleitung des Rabba zu Kohelet ist König Salomo selbst der Dichter des Liedes. Darnach soll also der Anfangsvers bedeuten: „Das hohe Lied, das dem Salomo eignet." Nach einer anderen Ansicht desselben Midrasch und nach der natürlichen Auffassung meint der Vers: ein Lied, das dem Salomo z u g e e i g n e t ist, למי שהשלום שלו.

Welche i n n e r e n Merkmale hat unser Lied für die Zeit seiner Abfassung? Auch die Beantwortung dieser Frage hängt von der Vorfrage ab, ob es nicht vielmehr Lieder verschiedener Herkunft und verschiedenen Alters sind. Gegen letztere Annahme zeugt die Einheitlichkeit des Stils im ganzen Lied, zeugt die Wiederkehr bestimmter Verse, die wie ein Refrain und Leitmotiv wirken, zeugt die oben nachgewiesene Zweiteilung des Ganzen in zwei parallele Reihen von Schilderungen mit ihrem widerhallenden Gleichklang, zeugt die Durchführung derselben Personen, des Haupthelden und des Chores.

Die Einheitlichkeit vorausgesetzt, ist aber für die Entstehungszeit der Vers 6,4: „schön bist du wie Thirza, lieblich wie Jerusalem" entscheidend. Thirza ist eine uralte Stadt Palästinas, unweit Sichem, wird in Josua erwähnt bei der Landeseroberung als eine Königstadt und diente vom König Baësa an (1 Reg. 15,21) den Königen von Israel als Residenz. Wenn sie also im genannten Verse in einem Atemzuge und gleicher Liebe wie Jerusalem als Bild der Schönheit erwähnt wird, so muß der Sänger einer Zeit angehört haben, w o d i e T e i l u n g d e s R e i c h e s n o c h n i c h t d a s L a n d i n z w e i f e i n d l i c h e G e b i e t e z e r r i s s e n h a t.

Dafür spricht aber nicht nur diese eine für sich allein beweiskräftige Stelle, sondern die sinnfällige Erscheinung, daß alle Teile Palästinas dem Sänger gleich bekannt und gleich ans Herz gewachsen sind. Er kennt die Schauer des Libanongebirges wie die Weinberge En-Gedis am Toten Meer, ihm ist das Gilead im Ostjordanland, ist Hesbon, die alte Sichonstadt, mit ihren Wasserwerken so vertraut wie Damaskus am Fuße des Antilibanon. Die ganze Pflanzenwelt des heiligen Bodens, in der Saronebene wie an den „Gewürzbergen", den Berghängen des Südens, ist ihm bekannt. Aber fast alle diese Gebiete waren von dem Zwergstaat Juda nach dem Staatsstreiche Jerobeams abgetrennt. Daraus folgt unzweifelhaft: das ganze Land von

---

[1] Vielleicht soviel wie: schrieben nieder oder redigierten.

Dan bis Beerseba, vom Meer bis zu den Grenzen Rubens und Gads bilden den Hintergrund unseres Liedes, das sich dadurch als der salomonischen Zeit angehörend deutlich erweist.

Die moderne Kritik will begreiflicherweise das Alter des Liedes herabdrücken; man macht dafür sprachliche Gründe geltend. Erstens weise der Gebrauch des Relativums ‫-שֶׁ‬ wie in ‫שאהבה נפשי ׳מטתו שלשלמה ׳כרמה שֶׁלִי‬ auf eine späte Entwicklungsperiode der Sprache hin, zweitens seien Lehnwörter wie ‫פרדס‬ = παράδεισος deutliche Anzeichen späterer Kultureinflüsse. Wir können beide Argumente nicht gelten lassen. Schon in der Tora findet sich das verkürzte Relativpronomen. (Gen. VI 3). Ebenso im Deboraliede, dem uralten Denkmal jüdischer Poesie, finden sich Formen wie ‫עַד שַׁקַּמְתִּי‬; warum sollen im salomonischen Zeitalter nicht ähnliche üblich gewesen sein?

Es fehlen ferner in der orientalischen Sprachwissenschaft noch alle Untersuchungen über das Alter der Lehn- und Fremdwörter, über ihr Eindringen aus fremdem Kulturbereich in den Orient. Ja es steht noch nicht einmal fest, ob „Pardes" griechischen oder persischen Ursprungs ist, welchem Kulturkreise also dieses Wort ganz eigentlich angehört.

Auch das Wort ‫אפרין‬ (3,9) das in auffälliger Weise an das Phoreion der Septuaginta anklingt, sollte auf griechische Einflüsse hinweisen. In Wirklichkeit ist aber auch hier der Ursprung des Wortes gänzlich ungewiß, da auch das Sanskrit ein Analogon in dem Worte parjanka aufweist. (Vergl. Strack Einleit. ins alte Test. 1906 S. 151.)

Mag es aber wie immer sein, für unseren Standpunkt gilt grundsätzlich die eingangs angeführte Bemerkung des Talmud, daß erst Chiskija und seine Mitarbeiter, die „lange nach ihm lebten" (Raschi z. St.) die letzten Aufzeichner und Redaktoren dieses Liedes waren, das also bis dahin mündlich fortgepflanzt und daher sprachlich in solch kleinen Nüancen wie dem verkürzten Relativpronomen oder einzelnen Wendungen sich veränderten Sprachentwicklungen angepaßt haben mag. Solche Wandlungen treffen wir auch an andren Stellen der Bibel. In I. Reg. 5,13 z. B. verspricht Hiram dem Salomo: ‫ואני אביאם דוברות בים‬ „ich werde die Zedernbalken in Flößen übers Meer schaffen." Dagegen heißt es in II. Chron. 2,15: ‫ונביאם לך רפסדות‬ ‫על ים יפו‬ Der Ausdruck ‫דוברות‬ für Flöße hat sich inzwischen gewandelt und wird in dem jüngeren Buch der Chronik als ‫רפסדות‬ wiedergegeben.

Diese Einzelheiten vermögen daher den Gesamteindruck nicht zu verwischen, der für die Entstehungszeit des Liedes in den glücklichen Tagen des jüdischen Volkes klares Zeugnis ablegt.

Die Originalität des Hohenliedes.

כתפוח בעצי היער
Ein Liebesapfelbaum unter des Waldes Bäumen.

Seitdem der Gedanke von der Einzigartigkeit der biblischen Literatur den engen Rahmen der entwicklungsgeschichtlichen Forschung zu sprengen drohte, ist man nicht müde geworden, literarische Parallelen für die einzelnen Ausdrucksformen des Kanon zu suchen und ihre Gebundenheit an örtliche Verhältnisse, an voraufgehende und zeitgenössische Schrifterscheinungen nachzuweisen. Diesem Schicksale sollte besonders das Liebeslied von Sulamith anheimfallen, das angeblich nur durch eine Ironie der Geschichte in der Welt der „heiligen" Bücher stehen geblieben sein sollte, als ein Findling profaner Lyrik in dem vielgestaltigen Parnaß religiöser Dichtung. Jedes armselige Hochzeitskarmen sollte alsbald als hochwertiges Seitenstück zu den Gesängen des Hohenliedes gelten, wie die Lüstlinge zur Zeit des Amos sich mit dem Geplärre anakreontischer Lieder auf ihren Musikinstrumenten David gleichhielten כדוד חשבו להם כלי שיר (Amos 6,5). Schon als Wetzstein mit seiner Hypothese von der Hochzeitsfeier auf der syrischen Dreschtafel Beifall erntete, sammelte er alles, was er an vorderasiatischen Liebespoemen aufzutreiben vermochte als Gegenstück der biblischen Liebescarmina. Nach ihm hat Gustav Dalmann eine großzügig angelegte Anthologie arabischer Hochzeitspoesie (Palästinischer Diwan 1901) zusammengestellt. Dieser verdiente Forscher warnte zwar selbst vor leichtfertiger Nebeneinanderstellung dieser Liedchen mit der hehren Muse der jüdischen Lyrik; schon die innige Verflechtung der Motive von F r ü h l i n g u n d L i e b e sei diametral entgegengesetzt dem orientalischen Brauche, die Hochzeit in der Nacherntezeit, den Ferien des syrischen Landmannes, zu begehen. Aber die man rief, die Geister, ward man nicht mehr los, sie wirkten weiter und ließen den Wunsch nicht zur Ruhe kommen, Belege für den Satz von der „Abhängigkeit" der jüdischen Poesie zu erbringen.

Es sollte freilich jedem von vorneherein einleuchten, daß alle Liebesdichtung verwandte Elemente enthalten wird; daß selbst, wenn man durch alle Fernen von Zeiten und Zonen getrennte Lieder der Minne zusammenhält, sich Gleichklänge und Parallelen ganz natürlich herausstellen werden. Aber gerade bei der Bibel, bei der Tochter des Himmels, glaubte man wohl eine andere Sprache und Form verlangen zu müssen.

Eine solche Forderung ist falsch. „Die Thora redet die Sprache der Menschenkinder". Dieser Fundamentalsatz gilt nicht nur für die syntaktische und stilistische Bewertung der einzelnen Phrase und Wendung, er hat in viel weiterem Sinne Geltung. Die Bibel bedient sich aller Formen, in denen die Menschen singen und sagen, um d i e s e n F o r m e n n e u e n S i n n u n d e w i g e n G e h a l t z u g e b e n.

So benutzt sie z. B. die Formel des alten jus talionis, um zu lehren, daß der Schädiger fremden Gutes „wirklich" ein Auge als Ersatz für ein Auge geben muß, nämlich in dem höheren Sinne, daß der Ersatz in Geld zu schätzen ist „Wenn kein tödlicher Ausgang ist, so soll er mit einer Geldstrafe belegt werden, soviel ihm der Mann des (geschädigten) Weibes auferlegt, und zwar soll er es zahlen durch den Richter: Auge um Auge" (Exod. 21,22).

Die Thora selbst weist auf die Verwandtschaft der Dichtform Israels mit der anderer Völker hin, indem sie das Siegeslied der Hofdichter Sichons aufbewahrt (Num XXI, 27-30), das den Untergang Moabs und die Eroberung Hesbons im gleichen Versbau feiert, wie es jüdische Sänger tun; sie selbst lehrt uns im Lemechliede (Gen. XIV, 23-27) und dem Segen Noahs (Gen. IX, 25-27) erkennen, daß diese Formen älter sind als Israel, daß sie einen Urbesitz der Menschheit darstellen. Und so hat Jeremia (39, 45—46) sich nicht gescheut, mit den alten Strophen emoritischer Moschlim den späteren Untergang Moabs neu zu besingen.

Was könnte also das Ergebnis vergleichender orientalischer Literaturgeschichte Überraschendes bieten, wenn sie Anklänge der biblischen Poëtik an die der Umvölker Israels uns aufweist? Andrerseits muß selbst ein Stärk (Die Schriften des A. T. III. T. S. XX) bekennen: „Wir wissen jetzt erst recht zu unterscheiden zwischen den F o r m e n dieser Literatur und ihrem geistigen G e h a l t. Das religiös-sittliche Leben, dessen Zeugen die Bücher des alten Testaments sind, enthüllt sich uns angesichts der verwandten religiösen Literatur des alten Orients immer mehr in seiner einzigartigen Tiefe und Reinheit. Der Vergleich beider kann nur immer wieder zur vollen Anerkennung des besonders heilsgeschichtlich geordneten Offenbarungscharakters des alten Testaments führen".

Es gibt nichts Neues unter der Sonne. Den „salomonischen Schriften" war das Los der Verkennung mit in die Wiege gelegt. Die Pirke Aboth des Rabbi Nathan (I, 1) und der Jalkut Schimoni zu Mischle 25, 1 bringen darüber solch interessanten Bericht, der auch über die ganze Frage der Originalität des Hohenliedes ein so bedeutsames Licht verbreitet, daß wir ausführlich darauf einzugehen Veranlassung nehmen. Es heißt dort:

„Seid vorsichtig im Urteil" das lehrt, jeder warte mit dem Urteil. So heißt es (Mischle 25): auch dies sind Sprüche Salomos, die die Männer um Chiskijah wieder aufgedeckt: dieses „aufgedeckt" bedeutet aber nur, daß sie g e w a r t e t haben. Abba Schaul sagte: sie haben nicht gewartet, sondern erklärt. D e n n z u e r s t p f l e g t e m a n z u s a g e n: M i s c h l e, K o h e l e t h und S c h i r H a s c h i r i m m ü ß t e n a p o k r y p h w e r d e n, denn man sagte: Meschaloth sind sie, aber nicht von den heiligen Schriften, und man ist auch aufgetreten und hat sie apokryphiert, bis die Männer Chiskijahs kamen und sie erklärten.

Heißt es doch (Mischle 7): ich achte auf die Einfältigen, den jungen Mann ohne Verstand, sieh da, ein Weib kommt ihm entgegen und spricht: ich bin dir entgegengegangen, dich zu suchen. Ein Lager habe ich bereitet ... komm laß uns der Liebe fröhnen bis zum Morgen ... Andrerseits steht im Hohenliede: komm mein Freund aufs Feld hinaus ... dort will ich dir meine Liebe schenken u. s. f. Daraus siehst du: sie haben nicht gewartet, sondern sie haben erklärt."

הוו מתונים בדין כיצד מלמד שיהא אדם ממתין בדין שכל הממתין בדין מיושב בדין שנ׳
גם אלה משלי שלמה אשר העתיקו אנשי חזקיה מלך יהודה ולא שהעתיקו אלא שהמתינו אבא
שאול אומר לא שהמתינו אלא שפרשו בראשונה היו אומרים משלי שה״ש וקהלת יגנזו¹ שהם
היו אומרים משלות ואינן מן הכתובים ועמדו וגנזו אותם עד שבאו אנשי חזקיהו² ופרשו אותם
שנ׳ וארה בפתאים אבינה בבנים נער חסר לב והנה אשה לקראתו שית זונה וגו׳ על כן יצאתי
לקראתך לשחר פניך ואמצאך מרבדים רבדתי ערשי׳ לכה ונרוה דודים לכה והנה דודים עד הבקר וגו׳ וכתיב
בשה״ש לכה דודי נצא השדה וגו׳ שם אתן את דודי לך וגו׳ הוי לא שהמתינו אלא שפרשו.

Also vom Urbeginn an lehnte „man" (הם) sich gegen den heiligen Charakter dieser Schriften auf. Salomo, der Neulandsucher der Weisheit und Wissenschaft (שנעשה תייר לחכמה)· hat das M a s c h a l eingeführt. „Bis daß Salomo aufstand, hatte man keine „Handhabe" für die Thora, Beispiel und Gleichnis kannte man nicht, niemand konnte mit voller Klarheit eindringen in die Thora; wie ein Korb nicht ohne Griff, ein Krug heißen Wassers nicht ohne Henkel bewegt, ein Brunnen nicht ohne Kette und Eimer ausgeschöpft werden kann. Als Salomo kam, da verstanden alle die Thora; von Bild zu Bild, von Gleichnis zu Gleichnis führte er bis zum Geheimnis der Lehre. Darum sagen die Weisen: „Verachte mir das Maschal nicht: da hat jemand ein Goldstück verloren, wodurch findet er es wieder? Durch einen Lichtdocht, der nur einen Issar kostet! Also dringst du durch einen unscheinbaren Maschal zum Gehalt der Lehre vor." (Midr. Rabb. Sch.-H.-Sch. I 10—11.)

Dieser große Schritt, aus allen Dingen und Verhältnissen des schlichten Lebens (ע״י פתילה כאסר) die Folie für die großen Fragen der Lehre zu nehmen, den Alltag und seine Sprache zum Ausdrucksmittel des Höchsten zu machen, ward den Schriften des königlichen Weisen zum Verhängnis. Man wollte ihnen den Eintritt in die Zahl der heiligen Bücher verwehren. „Einfache Sprichwörter, geflügelte Worte des Volksmundes, Folkloar, Lieder des schlichten Mannes — alles dies heißt משל — sind sie, so sagt man; aber nicht Hagiographen"³. Bald nach ihrem Erscheinen wollte man sie apokryphieren, weil sie nur Meschalim enthalten, ja, man faßte öffentlich den Beschluß, ihnen die Prägung der ewigen Gültigkeit abzusprechen, bis die Männer um Chiskijahu durch vorsichtiges Abwägen und durch Vers-

---

¹ כגרסת הגר״א בש״ס ווילנא· ² כגרסת ספר כבא רחמים בש׳׳ס ווילנא·
³ Ähnlich wie man über den Schluß des Buches Daniel urteilen wollte: דברי פיוטין הן (Ber. Rab. c. 85).

vergleichung endgültig den kanonischen Charakter feststellten. Salomo hat allgemein gültige, allen geläufige A u s d r u c k s f o r m e n d e s V o l k s - m u n d e s, des Epigrammes und des Sprichwortes, des populären Sprechers (קהלת) [1], vor allem des Volksliedes genommen, um den Gedanken der Thora desto plastischeren, verständlicheren Ausdruck zu geben. Das war ganz eigentlich die Originalität, das Neuartige seiner Schriften.

Noch bis in die Gegenwart hinein können wir es verfolgen, wie ein zufälliges Formalelement Keim und Anreger einer jüdisch-religiösen Dichtung wird. Rabbi Jizchak Leib Berditschew hört einen Leierkasten spielen, und das ewig-gleichförmige Du-Du haftet ihm im Ohr. Sogleich hat sich dies zu einem künstlerischen Motiv in ihm verwandelt:

> Herr der Welt!
>
> Wo kann ich, sag, Dich finden?
> Wo könnt' ich nicht Dich finden?
> Ist mir's gut, so bist es Du,
> Geht's behüte! schlecht, bist's wieder Du,
> Du! Du! Du! Du!
>
> Du, der war, Du, der ist, Du der ewig bleibt.
> König Du, einstens, jetzt und immerdar!
> Oben Du, unten Du, vorne Du, hinten Du.
> Osten Du, Westen Du, Norden Du, Süden Du.
> Stets Du, nur Du, bloß Du,
> Du! Du! Du! Du!

Das Beispiel ist doppelt interessant: Einmal, weil ein an sich wertloses Formalelement durch die neuartige Verwendung in des Künstlers Hand zum großartigen Ausdrucksmittel des Großen und Bedeutsamen wird. Dann aber zeigt sich: Obwohl das vorgängige Du-Du notwendige Voraussetzung dieser Konzeption ist, ist es doch nur Zufälligkeit, die in dem dichterischen Gemüt gegenüber eine lediglich a u s l ö s e n d e Wirkung übt, wie in der salzgesättigten Lauge auch ein Fremdkörper den Krystallisationsprozeß nach dem immanenten Bildungsgesetz einleiten kann. Bei großen dichterischen Offenbarungen: bei einem „Faust", einem „Hamlet", scheint zwar die Fabel, der Vorwurf noch mehr zu bedeuten; aber nur auf den ersten Blick. In Wirklichkeit sind sie nur die äußeren Mittel, das übervolle Herz des Genies, die Fülle seiner inneren Gesichte zu einer Gestaltung zu bringen, die seinem eigenen Selbst notwendig innewohnen.

Wer aber würde die Originalität des „Faust" anzweifeln, weil darin der Hans Sachs'sche Knittelvers zur Anwendung gelangt? Wer die eines „Hermann und Dorothea", weil bereits andere den Hexameter fruchtbar

---

[1] Sicherlich war קהלת eine bekannte Volkseinrichtung, kein charakteristischer Name, das zeigt Koh. 7.17 אמרה קהלת die Femininform.

in die Moderne eingeführt hatten? Man höre in diesem Zusammenhange die ähnlichsten Proben orientalischer Liebespoesie, die aus der reichen Schar Stärk l. c. S. XXI ff. als Muster ausgewählt:

Ägyptisches Lied 2. Jahrtausend vor.

> Die Stimme der Taube ruft,
> Sie sagt: „Die Erde ist hell".
> Was hab' ich draußen zu tun?
> Nicht doch, du Vöglein, du schiltst mich.
>
> Ich habe meinen Bruder in seinem Lager gefunden!
> Mein Herz ist glücklich über alle Maßen.
> Wir beide sprechen:
> „Nicht werde ich mich trennen".
>
> Meine Hand ist an seiner Hand,
> Ich wandle dort zusammen
> An jedem schönen Ort.
> Er macht mich zum ersten der Mädchen,
> Nicht kränkt er mir mein Herz.

> •   •
> •

Loblied aus 8. Jahrhundert vor.

> Du Süße, süß an Liebe,
> Du Süße, süß an Liebe vor den Königen.
> Du Süße, süß an Liebe vor allen Männern,
> Die Geliebte vor den Frauen,
> Die Königstochter, die süß ist an Liebe,
> Die schönste unter den Frauen,
> Ein Mädchen, dessen Gleichen man nicht sah,
> Schwärzer als das Dunkel der Nacht ist ihr Haar.
> Härter sind ihre Zähne als Feuersteinsplitter an der Sichel,
> Blumenkränze sind ihre Brüste, festliegend an ihrem Arm.

Aus der modernen arabischen Poesie: (Die, streng genommen, nicht herangezogen werden kann.)

> O Schöne, mache einen Wettstreit mit mir!

> Wenn Du mich besiegst, nimm mich,
> Mache mich zu einer silbernen Halskette,
> Auf deiner Brust schüttle mich,
> Mache mich zu einem hübschen Kleide
> Und auf deinen Leib lege mich an,
> Und mache mich zu einem goldnen Ohrring,
> An deine Ohren hänge mich.

> •   •
> •

Ein Beschreibungslied. (wazf.)

> Das Haar auf beiden Schultern ist wie die Seile,
> Es gleicht den Federn des Unwetters
>   in der Nacht der Finsternis;
> Und das Auge schwarz, nicht bedeckte es Schielen,
> Und ein Nasenring im Nasenflügel, darin ein Smaragd,
> Und Zähne wie Perlen, ihre Aufreihung ist mir süß,
> Und du sagst von ihnen Hagelkörner.
> O ihr Hals, der Hals der Antilope, die aufgeschreckt ward,
> Die Schultern sind feist, die Hände ein Werk des Schöpfers,
> Und die blaue Tätowierung ist auf ihnen zerstreut.
> Der Nabel ist eine Büchse mit Zibet in Künsten,
> Und der Leib wie Falten von Seide in Strähnen,
> Weicher als Seidenstoff oder gekordete Baumwolle.
> Dies ist die Beschreibung der Schönen,
>   nicht ist darin ein Fehl.

. . .

Man wird bekennen müssen, daß selbst im rein Äußerlichsten, in der Form als solcher im hohen Liede der erhabene Griffel des ewig modernen Genies die Herrschaft führt, während in diesen Proben altägyptischer oder syrischer Troubadours doch nur ein Gestammel von rein archaisch-philologischem Werte vorliegt.

Aber das Formale ist ja eben ein Unwesentliches. Es ist fraglos, daß das „Beschreibungslied", der wazf, in dem die Vorzüge von Bräutigam und Braut geschildert werden, eine allgemeine orientalische Dichterweise ist; es ist ferner außer Frage, daß das innige Zusammenleben von Mensch und Natur ihre „Gleichschau" bedingte, die ganze Erde und was sie füllt, den Bilderreichtum der Vergleiche lieferte. Ich denke mir in der Tat: daß Liedchen in der Form der Einzelgesänge von שיר״שׁ im jüdischen Volksmunde heimisch, dem großen Sänger des Hohenliedes von Jugend an vertraut waren, daß bei jeder Hochzeit in ähnlicher Ausgestaltung sie ihm ans Ohr klangen. Und gerade das und nichts anderes ist das Gewaltige, Ewige, Grandiose an der Konzeption des Hohenliedes, daß, angeregt durch solche Volksklänge, über den Dichter der Geist Gottes kam, und er in diese schlichten Formen hinein in des Volkes Sprache den ewigen Gesang von Israels Liebe und Leid ausgoß: das Lied von ihrer Sklavenschaft und Landfremdheit in der Sehnsucht nach dem Geliebten und nach der Heimat, von dem langsamen, beseeligenden Aufdämmern von Freiheit und Glück, von dem Rausche der Erlösungsbotschaft und dem Verlangen nach Gottverbundenheit, von der Hochzeitsfreude, der Heimführung in den Tempel der Liebe, von dem Überschwang der Seligkeit im Betreten des Heimatbodens und in der Entfaltung des Ich vor den Augen des Geliebten; und dann: den Sang von Schuld und Trennung, von Liebesleid und Erprobung, von Irrfahrt durch die Fremde und langsamem Sieg durch Treue und Selbstbezwingung, von endlicher ewiger Gemeinschaft, in der alle Vergangenheit selbstsicher überwunden ist. Und in diesen Sang verflechten sich die Motive von Land und Volk, von Natur und Mensch, von Lenz und Liebe, von Tag und Glück, von Nacht und Unglück, die letzten Vorwürfe alles lyrischen Empfindens, zur Einheit.

Die mannigfachen Anklänge der Formen im Hohenlied an andere Volks- und Hochzeitslieder sagen also nichts gegen seine Originalität, sie zeigen vielmehr seine Tendenz, das gangbare Volkslied zum höchsten Sinne emporzuläutern.

Die Sprache des Alltags wird zur Sprache der Offenbarung, der irdische Laut ein Echo des Himmels. Sollte daraus nicht zugleich folgen, daß in diesen überzeitlichen Klängen sich auch das Zeitliche spiegelt, daß in den erhabenen Gedankenharmonien des Hohenliedes ein Fingerzeig zur tieferen Erfassung unserer eigenen seelischen Beschaffenheit liegt?

Und so möchte ich die kühne Behauptung wagen über einen letzten und tiefsten Sinn der Dichtung. Diese Liebesmär von Israels Volksschicksal wird Symbol der Einzelliebe, der Liebe von Mann und Weib. Nicht nur das Erleben des Volkes sollen wir unter dem Bilde und im Spiegel der Einzelliebe schauen, sondern auch umgekehrt, das Geheimnis der ungeheuersten Tatsache des Menschenlebens, der Liebe, enthüllt sich uns durch den Spiegel des religiösen, transzendenten Volkserlebens. Wie es später die Weisen in den 7 Segenssprüchen zur Hochzeitsfeier ausgesprochen: שוש תשיש, die Freude Zions ist ein Vorbild von שמח תשמח, vom Glück des Ehegatten. —

Um des unbekannten, erahnten Zukunftsgeliebten willen geht jede Braut durch Fremdheit und fremden Dienst, bis der Erwartete naht, die Flammen ihrer Seele entzündet, ihr die Heimat beschert, für die sie bestimmt ist, und ihrer Seele Innerstes zur ihn und sie selbst beglückenden Entfaltung bringt. Und nun, aufgeschlossen zur vollen Persönlichkeit, der Leidenschaft des Anfanges entwachsen, ringt sie um den Besitz und die Erkenntnis des Mannes, nur unter unsäglichen Opfern ihres Ich bis zu jener Selbstläuterung vordringend, daß sie der Siegelring seines Herzens und seines Armes werden kann. Wie in dem herrlichen Wort: מי יתנך כאח לי „ach, daß du mein Bruder wärst!" Israel ewig ringt um seinen Gott, den verhüllten und unerkennbaren — ein Wunsch, der der Vater des Gedankens vom Christentum geworden, das mit dem Wunsche sich nicht begnügend Gott zum Menschenbruder niederzwingen will — so bleibt im Gegensatz der Geschlechter, in der Verschiedenheit von Wesen und Charakter das ewig Irrationale, Überirdische, Unauflösliche, Unendliche der Liebe beschlossen.

Ein wundersames Wort des Midrasch Suta sagt: (ed. Buber S. 9)
א״ר אלעזר בן עזריה משל למה הדבר דומה למלך שנתן לנחתום כור חטים ואמר לו הוצא לי
משם עשר סאין סלת חזר ואמר לו הוצא עשר ששׂ מתוך ששׂ מתוך שש ארבע כך הקב״ה סילת
את הנביאים מתוך התורה ואת הכתובים מתוך הנביאים ושה״ש נסלתה מכלם d. h. Wie die
Propheten nur den letzten Gehalt der Thora bloßgelegt, nur das dort im-
plicite ausgesprochene in seinem letzten Sinne und Ziele geoffenbart, so
haben die Gesänge und Ergüsse der Hagiographen aus den in die Zukunft
weisenden Formulierungen der Propheten in der Vorwegnahme und Vor-
ergreifung der Seele diesen weltfernen letzten Sinn der göttlichen Lehre
zum steten eigensten Erleben des Individuums gemacht. Die Weltgestaltung
ist in der Thora ein Gebot, in den Propheten gesicherte Zukunftsschau, in
der Poesie der Ktubim das schon gegenwärtige religiöse Erlebnis. In allen
aber besteht der Gegensatz zwischen Himmel und Erde zunächst fort, die
Erde ist das Nähere, der Himmel das Fernere. Das Hohelied aber, „das
מלה חתומה ומלה מסויימת (54 I שה״ש רבה) das versiegelt-dunkle und klar um-
rissene Wort", lehrt das Größte: Die Erde wird erst durch den Himmel
begriffen; das Irdische erst im Religiösen erfaßt. Der Sinn der Erde ist
der Himmel, die Musik der Sphären ist der wahre Rythmus der Menschenseele.

Das Hohelied im Gottesdienst unserer Synagogen.

Bekanntlich wird Schir Haschirim am Peßachfest als eine der fünf Megillaus verlesen. Die Anspielungen und Verknüpfungen, die das Lied mit dem Feste verbinden, sind mannigfach. Frühlingsstimmung und Frühlingshoffen durchweht das Ganze. Es bringt genau wie das Fest der Ährenreife immer wieder den Gedanken zum Bewußtsein, daß derselbe Gott, der der Natur Erneuung schenkt, auch den Menschen, auch unserem Volke einen Lenz der Auferstehung gewähren wird. Durch den Vers: „der Stute an Pharaos Wagen vergleiche ich dich, Geliebte" ist gleichzeitig ein Hinweis auf die Erlösung aus Ägypten gegeben, wie für den Tieferblickenden der ganze Inhalt von den vier „Verbannungen" Israels redet. (Machsor Vitri, S. 304). So heißt es auch im Sohar: „das Hohelied ist eine Zusammenfassung der ganzen Tora; es spricht über das Geheimnis der Väter, über die Verbannung Israels unter die Völker und ihre endliche Befreiung". (Vergl. Ozar dinim u'minhagim von Eisenstein, S. 414.)

Die Art, wie es im Gottesdienst gelesen wird, ist allerdings wenig der Würde des Buches gemäß. Der Einzelne spricht es leise vor sich hin, statt daß es öffentlich vorgetragen und dadurch mit gebührendem Nachdruck zum Verständnis gebracht wird. Noch der Traktat Sofrim (Kap. 14, Halacha 3) stellt alle Megillaus mit der Estherrolle in gleiche Linie und ordnet an, daß man vor ihrer Verlesung den Segensspruch spricht: al mikra megillah. So verlangt es auch der Gaon Rabbi Elija aus Wilna in seinen Noten zum Orach Chajim, 490. Ganz offenbar ist der öffentliche Vortrag nur deshalb außer Brauch gesetzt worden, weil man nicht mehr die Rollen vorschriftsmäßig auf Pergament geschrieben besaß. In palästinensischen und östlichen Gemeinden aber habe ich noch die Vorlesung in Übung getroffen. Das Rezitativ (der Trop), in dem es gesungen wird, in weichem Moll dem Inhalt entsprechend gehalten, ist hier in Notenschrift wiedergegeben.

Kap. 1, V. 16

jo - feh   dau - di   af   no - im
mah - pach   pasch-to   so - kef   ko - ton

af   ar - sse - nu   raa - no - noh
mercho tip - cho   sof - po - ssuk.

V. 3

scheme-men tu-rak   scheme-me-cho   al   ken   a - lo-
es - nach - to

maus a - he - wu - cho

V. 7

ha - gi - doh - li - - -
mu - nach re - vi - - -

V. 4

he - wi - a - ni - ha - me - - lech
kad   mo   we - as - - lo

- -
- a

Kap. 2,
V. 7

im - to - i - - - - - ru   we - im   te
dar - - - - - - go   te -

au - re - ru
- - - - wir

Kap. 5,
V. 1

bo - ssi   le   ga - ni   a-
sar - ko   se-

chau-ssi ka - loh
gaul

Kap. 8,
V. 6

re-scho - fe - ho risch-pei
so - kef   go-daul

Im allgemeinen fließt das Lied in den einfachen weichen, am häufigsten vorkommenden Neginaus dahin. Nur an wenigen Stellen ist der ruhige Ablauf durch die selteneren Tonzeichen durchbrochen und immer in außerordentlich bezeichnender Weise. Wenn in Kap. 1 Vers 4 die Braut den Geliebten zum ersten Mal „mein König" nennt, jubelt diese Stelle in Kadmo weaslo das Wort „hamelech" hinaus. In Vers 7 wird die bange Bitte: „sage mir doch, wo der Geliebte lagert," in Rewia hingedehnt; in Kap. 3,

Vers 1 und 2 der Aufschreck aus nächtlichem Traum durch Sokef godaul gekennzeichnet, durch den gleichen Accent in Kap. 8, Vers 6 die Feuersgluten der unglücklichen Liebe zweimal in ihrer Herbheit herausgeschmettert. Oder wenn die freudige Überraschung über die Schönheit der jungen Gattin in Kap. 4, Vers 1 gemalt werden soll, jauchzt das „Hinoch, siehe da!" in Aslo geresch zum Himmel; die Beschwörung der Töchter Jerusalems deutet den Sturm der Seele durch Kadmo weaslo sowie durch Dargo tewir an, wie endlich die Feierlichkeit des Hochzeitstages in Kap. 5 Vers 1 sich in Sarko segaul malt. Überall verrät die Maßora ihr feines Verständnis, man möchte beinahe sagen, ihre künstlerische Erfassung des Bibelwortes.

Die Chassidim singen das Hohelied allwöchentlich vor Beginn des Sabbath. Es soll die Sabbathbraut mit den Brautgesängen Schir Haschirims begrüßt werden, oder wie das Sefer Minhogei Jeschurun Absatz 29, sagt: „Der Sabbath sei der Liebesstifter — s. v. v. der Amor — zwischen Gott und Israel," daher mit den Klängen des Liedes unsere Verbundenheit mit Gott wachsen soll.

Einstmal drohte die Gefahr, daß man das Hohelied durch Gebrauch im profanen Leben seines geweihten Charakters verlustig machen könnte. Warnend sagte der Talmud (Sanhedrin 101 a.): „So jemand einen Vers des Hohenliedes spricht, als wäre es ein schlichter Sang, bringt Unglück in die Welt, dann gürtet sich die Tora mit einem Trauergewand, tritt vor Gott und spricht: Herr der Welt, Deine Kinder behandeln mich wie ein Harfenlied, mit welchem Spötter sich vergnügen." Das war ja auch der Grund, weshalb das Buch lange umstritten war, bis man seine Einverleibung in die heilige Schriften aussprach.

Heute droht innerhalb der deutschen Judenheit eher die entgegengesetzte Gefahr, daß das Hohelied mehr und mehr vergessen wird, wo es doch als Bildner unserer Seele eine besonders große Bedeutung hat. Da sollte man den Versuch nicht scheuen, seine Verlesung im Gotteshaus würdiger und eindrucksvoller zu gestalten. Nur so wird es sich wieder in Ohr und Herz der Beter einsingen und ihnen zu einem Lebensbesitz werden. Es wird manchem dann als eine beglückende Erkenntnis zum Bewußtsein kommen, was Rabbi Akiba in jenen herrlichen Worten über das Hohelied ausgesprochen hat, daß „die ganze Welt nicht den Tag, da das Hohelied gegeben ward, aufzuwiegen vermag, denn alle Schriften sind heilig, Schir Haschirim aber das Allerheiligste!"

שִׁיר הַשִּׁירִים
אֲשֶׁר לִשְׁלֹמֹה:

LIED DER LIEDER,
DEM SALOMO ZU EIGEN.

Die Überschrift.

Selbst diese kurze Überschrift ist in ihrer Vieldeutigkeit von wesentlicher Bedeutung.

Die Wendung Schir Haschirim drückt entweder einen Superlativ aus — was auch die allgemeine Auffassung annimmt — wie Gott der „Herr der Herren" genannt, Kanaan als „Sklave der Sklaven" von Noah gebrandmarkt wird. Dann wäre Schir Haschirim als: das höchste und herrlichste aller Lieder zu übersetzen.

Oder der Name weist nach dem Midrasch Rabba zur Stelle auf die Komposition des Werkes aus Einzelgesängen hin. So nennt der deutsche Dichter seine lyrische Sammlung: Buch der Lieder, der neuhebräische Meschorer das seine: Sefer haschirim. Von gleicher Bildung ist der Titel „Lied der Lieder" mit kollektivem Genitiv, ein Lied, aus Liedern gefügt, eine Sammlung von Gedichten, die insgesamt ein einziges Größeres bildet.

Ob es also eine Wertung des Ganzen oder eine Erklärung seiner Entstehung und Zusammensetzung geben soll, jedenfalls klingt es dem Hörer als ein Auftakt der Vorbereitung auf reine Poesie, auf eine Welt voll Sang und Schönheit, fern von Alltag und Prosa ins Ohr. Die Liebe ist das Höchste, was Dichtermund singt, und jede Phase der Liebe ist neue Poesie, ihr Jubel und ihr Leid, ihr Lachen und ihre Tränen reihen sich stets als sangeswürdige Lieder, als Weihemomente des Daseins aneinander und bilden in ihrer Gesamtheit wiederum ein einziges geschlossenes Lied . . .

Die jüdischen Sänger drücken ihre Urheberschaft in der Dativform aus; es sind ihnen zuteil gewordene Eingebungen, die auszusprechen sie sich in demütiger Dankbarkeit gewürdigt wissen. So: ein Gebet dem Mosche, ein Psalm dem David, den Söhnen Korachs ein Lied.

Hier im Hohenliede aber ist Salomo der gefeierte König und Bräutigam, dem alles Sehnen und Singen der liebenden Braut gilt. — Es dürfte daher der Zusatz אשר לשלמה schwerlich nur die Verfasserschaft anzeigen wollen; vielmehr deutet das eingeschaltete Relativpronomen אשר von vornherein darauf hin, daß diese Lieder dem Salomo gewidmet sind, daß dieser Hymnus der bräutlichen Ergebenheit dem König des Herzens zugeeignet sein soll.

Aber gleichwohl ist grammatisch unbestritten, daß אשר לשלמה auch heißen kann: das Lied, das Salomo gesungen hat. Die feine Doppeldeutigkeit des Textes ist für den Übersetzer fast unnachahmlich.

DES HOHENLIEDES
ERSTER TEIL.

Das erste Lied.

I. 2—8

Die Vermummte.

Ach, daß er mich küßte mit seines Mundes Küssen,
Denn besser Deiner Liebe Wonnen als wie Wein!
An Duft wie süß sind Deine Salben,
Ein ausgegossen Duftmeer ist Dein Namen,
Darum nie alternd man Dich liebt.
O hole mich, gern eilen wir Dir nach!
Hat mich mein König erst in sein Gemach geführt,
So wollen Dein wir jubeln und frohlocken,
Woll'n Deiner Liebe Preis wir künden,
Die herrlicher als Wein;
Darum man Dich so recht von Herzen liebt.

Schwarzgebrannt zwar, dennoch schön
Bin ich, Ihr Töchter von Jerusalem,
Ich bin wie Kedars dunkle Zelte
Und doch den Teppichzelten gleich des Salomo.
Schaut doch nicht so auf mich, weil ich so schwarz!
Die Sonne hat mich nur verbrannt,
Da meiner Mutter Söhne, über mich erregt,
Zur Weinbergswächterin mich eingesetzt —
— Daß meinen Weinberg, meinen eignen,
            ich nicht hüten konnt'.

O sage mir, den meine Seele liebt,
Wie kannst allein Du weiden?
Wie in der Mittagsglut mich lagern lassen?
Warum soll ich bei andrer Hirten Herden
Eine Vermummte sein?
„Wenn nicht Bescheid Du weißt, Du schönste aller Frauen,
Zieh nur hinaus in Deiner Herden Spur
Und weide Deine jungen Böcklein
Bei dem Gezelt der Hirten."

כְּעֶטְיָה I.

יִשָּׁקֵנִי מִנְּשִׁיקוֹת פִּיהוּ·
כִּי־טוֹבִים דֹּדֶיךָ מִיָּיִן:
לְרֵיחַ שְׁמָנֶיךָ טוֹבִים
שֶׁמֶן תּוּרַק שְׁמֶךָ
עַל־כֵּן עֲלָמוֹת אֲהֵבוּךָ:
מָשְׁכֵנִי אַחֲרֶיךָ נָּרוּצָה
הֱבִיאַנִי הַמֶּלֶךְ חֲדָרָיו
נָגִילָה וְנִשְׂמְחָה בָּךְ
נַזְכִּירָה דֹדֶיךָ מִיַּיִן
מֵישָׁרִים אֲהֵבוּךָ:

שְׁחוֹרָה אֲנִי וְנָאוָה בְּנוֹת יְרוּשָׁלָ͏ִם
כְּאָהֳלֵי קֵדָר כִּירִיעוֹת שְׁלֹמֹה:
אַל־תִּרְאֻנִי שֶׁאֲנִי שְׁחַרְחֹרֶת
שֶׁשְּׁזָפַתְנִי הַשָּׁמֶשׁ
בְּנֵי אִמִּי נִחֲרוּ־בִי
שָׂמֻנִי נֹטֵרָה אֶת־הַכְּרָמִים
כַּרְמִי שֶׁלִּי לֹא נָטָרְתִּי:

הַגִּידָה לִּי שֶׁאָהֲבָה נַפְשִׁי
אֵיכָה תִרְעֶה אֵיכָה תַּרְבִּיץ בַּצָּהֳרָיִם
שַׁלָּמָה אֶהְיֶה כְּעֹטְיָה עַל עֶדְרֵי חֲבֵרֶיךָ:
אִם־לֹא תֵדְעִי לָךְ הַיָּפָה בַּנָּשִׁים
צְאִי־לָךְ בְּעִקְבֵי הַצֹּאן
וּרְעִי אֶת־גְּדִיֹּתַיִךְ עַל מִשְׁכְּנוֹת הָרֹעִים:

Das erste Lied.

Hier spricht ein Mädchen voll Sehnsucht. Sie spricht zu sich selbst: „E r küsse mich mit seines Mundes Küssen"; sie redet v o m G e l i e b t e n i n d e r d r i t t e n P e r s o n, e r i s t a l s o o f f e n b a r a b w e s e n d.

Sie muß bereits seine Zuneigung kennen gelernt haben; sie verlangt nicht die ganze Fülle seiner Liebe; nur „von den Küssen seines Mundes" möchte sie wieder im Tiefsten ergriffen werden. פִּיהוּ s e i n Mund — nicht פִּיו — ist kein alltäglicher, ist ein ganz besonderer.

Der Kuß ist für des Liebenden beglückende Nähe, für innige Verbundenheit der sichtbare Ausdruck, das Symbol. Die Erinnerung an diesen Kuß zaubert ihr den Liebenden so lebendig vor ihre Seele, daß sie ihn vor sich stehen glaubt und nun in direkter Rede fortfährt: „denn köstlicher sind Deiner Liebe Wonnen als Wein", sie geben eine Beseligung, eine begeisternde Erhebung, Vergessenheit alles Leids und aller Erniedrigung, mehr als der Sorgenbrecher Wein.

Sie sieht in ihrer Erregung ihn nahen; den holden Duft, der ihn umweht, fühlt sie wie körperlich wirklich. שֶׁמֶן und שֵׁם· Namen und Duft klingen im Hebräischen an einander an, wie es im Koheleth (7, 1) heißt: ein guter Ruf ist besser als guter Ruch. Es ist das, was der wirklichen Person vorausgeht, was sie noch vor ihrem Nahen empfiehlt und angenehm macht. Ihres Geliebten Namen aber ist nicht der geringe Hauch duftenden Oeles, der auch sonst bei andren edlen Menschen dem Entgegenkommenden zuströmt, er ist wie hinge-gossen Oel, ein Meer von Duft, darum mit der Innigkeit immer junger, grünender Liebe man ihn lieben muß. Der griechische Text des Onkelos las (nach Rabba z. St.): עַל־מוּת über den Tod hinaus, unsterblich, ewig muß man Dich lieben; andere Liebe altert, diese ist ewig jung, darum unsterblich. Mir scheint, daß dieses Wort עֲלָמוֹת· parallel zu dem מֵישָׁרִים des folgenden Satzes, als: בְּכֹחַ עֲלָמוֹת „mit der Kraft jungfräulicher Liebe" zu deuten ist.

Aus solcher gesteigerter Liebessehnsucht fließt jetzt die Bitte, der Ruf an den fernen Geliebten: „Hole mich!" Sie ist ja von ihm getrennt. Wenn sie nur ein Zeichen wieder von ihm erhält, eine Möglichkeit zur Wiedervereinigung, so kann sie gar nicht schnell genug dem Rufe folgen: „wir wollen Dir nacheilen."

Wie dieser plötzliche Wechsel des Singulars in den Plural zu erklären ist, hat die Einleitung bereits ausführlich gesagt. Es zeigt sich hier mit aller Deut-lichkeit, daß unsre Braut keine Einzelperson ist, daß sie die Verkörperung einer Vielheit ist. Die g e n a u gleiche Erscheinung haben wir bei Micha 1, 11 gefunden, wo die „Einwohnerin von Schafir" ein Singular-Plural, ein Kollektivum ist. Eine fernere Parallele bietet Jesajas 53, 8 im berühmten עֶבֶד ה' Kapitel, wo es vom Gottesknecht heißt: כִּי נִגְזַר מֵאֶרֶץ חַיִּים מִפֶּשַׁע עַמִּי נֶגַע לָמוֹ, e r ist verbannt vom Lande der Lebendigen, durch die Schuld meines Volkes traf s i e Plage und Leid", weil der Gottesknecht eben nicht eine Einzelperson, sondern die Gesamtheit aller Gottgetreuen ist.

Will man durchaus diese Allegorie vermeiden, so müßte man sagen: erst durch die Verbindung mit dem Geliebten wird die Braut sich der Fülle ihrer inneren Anlagen und Kräfte bewußt, in sich selbst fühlt sie sich vervielfacht, indem sie ihrem Könige folgen kann. Gegenwärtig ist sie Weinberghüterin, sonst nichts. Als Gattin entfaltet sie ihre Persönlichkeit im Reichtum ihrer seelischen und leiblichen Beziehungen, und alles, alles wird dem Geliebten ausschließlich gehören.

So heißt es in Ps. 149, 2: ישמח ישרא׳ בעושיו Israel freut sich seines allumfassenden Schöpfers und Gestalters. So bemerkt Jalkut zu Josua 24, 19: כי אלקים קדושים הוא שהוא קדוש בכל מיני קדושות

אחריך נרוצה Es bedeutet: הלך אחרי (vergl. Jirm. Kap. II, 2) in jemandes Gefolgschaft, in jemandes Spuren und Dienst wandeln. Das will die Glückliche, wenn der Geliebte sie wieder zu sich holt. Das Verbum משך ist wie Jer. 31, 3 על כן משכתיך חסד und Hos. 11, 4 בחבלי אדם אמשכם ein edler Ausdruck für die Art, wie der Liebende das geliebte Wesen an sich zieht.

Aber die letzte größte Freude ist nicht die feierliche Heimführung, der bräutliche Zug, der sie aller Augen als die Erwählte, Glückliche vorstellt, sondern das stille Glück, das ihrer wartet, wenn der Bräutigam, der König am Tage der Vermählung, sie, seine Königin, in seine Gemächer bringt, in die stille, der Welt entzogene Gemeinschaft mit ihm, dann erst wird die innere Freude zu lautem Jubel sich durchringen, denn dann נגילה ונשמחה בך, dann freut sie sich nicht über den Glanz und die Herrlichkeit des Brautzuges, über all die Ehre, die ihr als der Erwählten zuteil wird, kurz aller äußeren Auszeichnung des Hochzeitstages, dann ist die Freude בך. nur mit Dir, dem Geliebten, seinem edlen Wesen, das köstlicher als Salben duftet. Diese Worte sind der hinreißende Ausdruck wahren bräutlichen Glückes, das nur in dem Geliebten allein, in seiner Person seinen Grund hat. Während aber sonst der Geliebte seiner Braut den Liebeshymnus singt, will s i e hier den Preis der Liebe ihres Bräutigams singen. Jedoch nicht, wie es so oft geschieht, um sich selbst über das Zittern und die Furcht der Seele hinwegzutäuschen. Nicht wie man sonst zur Feierstunde singt: כלה נאה וחסודה „holde schöne Braut!" um den Tag der Hochzeit freudig zu gestalten und den Vermählten den Mut des neuen Lebens miteinander zu heben. Hier ist aller Ueberschwang des Jubels und des Preises nur der Ausdruck der Wahrhaftigkeit und Wahrheit; diesen Geliebten liebt man aufrichtig, liebt man wahr und echt.

Das Leid unserer Braut, die Umgebung und den Zustand, aus denen sie ihre Blicke zum Geliebten richtet, erfahren wir erst aus den Strophen 5 und 7. Dunkel ist sie vom Sonnenbrand geworden, ihr Anblick gleicht dem schwarzen

Beduinenzelt, das schmucklos und kunstlos in den Wüsten auf- und abgeschlagen wird. Und dennoch ist sie einst schön gewesen wie die prächtigen farbenreichen Deckenteppiche, die das Zelt des großen Königs Salomo überdachen.

Zu wem spricht sie? Wessen Auge fühlt sie auf ihre Erscheinung geheftet, wie jeder, den ein Makel drückt und beengt, alle Blicke auf sich gerichtet glaubt, daß sie abwehrend bittet: schaut mich nicht an, daß ich so dunkelschwarz geworden? Ein edler Chor von Mädchen oder Frauen ist es, gekennzeichnet durch den Ehrennamen der „Töchter Jerusalems", der heiligen Stadt, deren symbolische Vertreterinnen sie sind. Unser Sänger gesellt also unsrer Braut eine Schar Begleiterinnen zu und hebt ihr Schicksal dadurch aus der Verborgenheit heraus. Wenn unsre Heldin hier leidet, so gibt es doch Wesen, die daran Anteil nehmen, denen die Duldende das aussprechen kann, was sie drückt und quält.

Diesen Töchtern Jerusalems klagt sie denn, daß sie, dem Sonnenbrande ausgesetzt, ihrer äußeren Schönheit verlustig gehen, daß sie Hüterinnendienste an fremden Weinbergen tun müsse, den eignen Weinberg drum nicht habe hüten können. Was sie in diese Lage gebracht, deutet sie nur unklar an. Die Brüder, Kinder der eignen Mutter, der eignen Verwandtschaft hätten wider sie „geschnaubt", sich verschworen, so daß sie in diese schimpfliche Lage geraten sei. בני אמי die Kinder meiner Mutter, nicht die Eltern, nicht Vater und Mutter selbst, die über sie zu wachen haben, nein, Kinder der Mutter wie ich, redeten sich in Zorn wider mich. Aber אחי Brüder nennt sie jene nicht. נחרו Piel von נחר schnauben, davon ein Derivat der Name נחור; gemeint ist vielleicht Laban, Nachors Familie, von dem es heißt: ארמי אובד אבי וירד מצרים dessen Schuld es also war, daß Jakobs Stamm in Aegypten zu Sklaven wurden.

(Der Ausdruck: „s i e haben mich dazu gemacht" deutet fein an, daß sie zu solcher Aufgabe nicht bestimmt, daß sie dafür zu edel sei; wie andererseits: כרמי שלי m e i n Weinberg, mein eigner, zeigt, wie lieb ihr der eigne Weinberg ist.)

3. Nochmals bricht unsre Heldin bittend in Sehnsuchtsklagen aus: Gib mir, die ich Dich so innig liebe, doch ein Zeichen, wo Du bist!

איכה תרעה Viele wollen übersetzen: wo weidest Du? Aber niemals heißt: איכה wo? sondern, wie das Buch der Klagelieder so ergreifend illustriert; wie ist es möglich? wie ist es nur denkbar? So hier: der fernweilende Geliebte hat sie ihrem Schicksal überlassen, das die Nachorverwandten ihr bereitet. Wie mag er sie bei fremder Herde in der Mittagsglut weiden und lagern lassen? Ist sie doch wie eine Vermummte, Verhüllte, ungekannt und unerkenntlich für ihre Umgebung!

Wer ihr die Antwort gibt? Vermutlich jener Chor der Kinder Jerusalems, der mit seiner Sympathie sie begleitet. Er nennt sie: die schönste der Frauen! Unter der Last äußeren Druckes, in der Qual des Leides hat sie nicht nur ihre Schönheit nicht eingebüßt; nein, grade in solcher Not hat sie sich als Krone der Frauen im höchsten Glanz ihrer adligen Erscheinung erwiesen. So war die

Schule des Leids nicht umsonst. Die Antwort müßte die unglückliche Braut sich selbst erteilen können. An sich selbst und ihrer Entwicklung müßte sie den beruhigenden Bescheid ersehn. Wenn aber nicht, wenn sie, sich selbst nicht kennend, gar glaubt, entstellt und entwürdigt zu sein, so gehe sie nur den alten Spuren weiter nach, weide ihre jungen Böcklein bei den Hürden der Hirten; ihre Herde ist nicht verloren, sie steht in treuer Hut.

Das Bild hat in seinen Zügen gewechselt; vorher nennt die Braut sich eine Weinbergshüterin, jetzt soll sie eine Hirtin sein. Eines der Bilder muß im uneigentlichen Sinn gebraucht sein. Vermutlich das letzte. Nachdem sie den fernen Geliebten gefragt: warum er sie bei fremder Herde lagern läßt, wird dieses Bild aufgegriffen und fortgeführt. Dabei tritt aber wiederum der symbolische Charakter der Person der Braut deutlich in die Erscheinung. Wer sind ihre jungen Böcklein? Wenn sie Hirtin in fremdem Dienst ist, woher ihre eigene Herde? (Diese Frage bleibt selbst denen völlig unlösbar, die welche Auffassung immer vom zusammengesetzten Bau unsres Liedes haben. Sklavinnen fremden Dienstes haben kein Eigentum.) Diese junge Herde können nur die eignen Kinder sein, die ratlos und verzweiflungsvoll dem Schicksal der Mutter, es selbst miterlebend, gegenüberstehen. Andrerseits ist das Wort כרם im Schrifttum so recht vieldeutig, an Anspielung reich. Es ist dabei durchaus nicht an den engen Begriff des Weinbergs allein zu denken. Es bedeutet: den reichen, wertvollen, glückbringenden Besitz. Für fremdes Gut hat die versklavte Braut zu sorgen, ihr eignes liegt brach. In dieser harten Frohne aber hat sie die Vollschönheit ihres Wesens zur Entfaltung gebracht; wenn nur sie und die Ihren ausharren, sich selbst treu bleiben der Herde gleich, die stets die gleiche Bahn wandelt, dann wird der Ruf der Freiheit nicht fern sein.

Das zweite Lied.

I. 9 — II. 3

Liebesbotschaft und Gegengruß.

„Der feurigen Stute an Pharaos Gespann
Vergleiche ich, Freundin, Dich.
Hold sind Deine Wangen in der Kettchen Schmuck,
Dein Hals im Perlengeschmeid.
Und neue Kettchen rüsten wir Dir,
Mit Silberbuckeln verzieret." —

„Kommt endlich mein König im Festzug herbei,
Voll Duftes wird dann meine Narde sein.
Du Liebster bist das Myrrhenbündel mir,
Das mir am Busen ruht,
Du Liebster mir vom Cyprusbaum die Traube
Aus Fruchtgeländen von Engedi."

„Sieh, wie bist Du, Freundin, schön,
Wie Taubenaugen Deine Augen"
„Nein, Du bist schön, mein Liebster, und so lieb!
Voll saft'gem Grün wird unser Lager sein,
Aus Zedern unsres Hauses Balken,
Cypressen unser Wandgetäfel.
Ich — ich bin vom Saron eine Lilie,
Von jenem Tiefland eine Rose."
„Ja, wie die Rose unter Dornen
Bist unter allen Frauen, Freundin, Du."
„Und Du, wie Liebesapfelbaum mitten im Wald,
So bist, Geliebter, Du unter den Männern.
In seinem Schatten sitz' ich voll Behagen
Und süß schmeckt meinem Gaumen seine Frucht."

II. רַעְיָתִי־דוֹדִי

לְסֻסָתִי בְּרִכְבֵי פַרְעֹה
דִּמִּיתִיךְ רַעְיָתִי:
נָאווּ לְחָיַיִךְ בַּתֹּרִים
צַוָּארֵךְ בַּחֲרוּזִים:
תּוֹרֵי זָהָב נַעֲשֶׂה־לָּךְ
עִם נְקֻדּוֹת הַכָּסֶף:
עַד־שֶׁהַמֶּלֶךְ בִּמְסִבּוֹ
נִרְדִּי נָתַן רֵיחוֹ:
צְרוֹר הַמֹּר דּוֹדִי לִי
בֵּין שָׁדַי יָלִין:
אֶשְׁכֹּל הַכֹּפֶר דּוֹדִי לִי
בְּכַרְמֵי עֵין גֶּדִי:
הִנָּךְ יָפָה רַעְיָתִי הִנָּךְ יָפָה
עֵינַיִךְ יוֹנִים:
הִנְּךָ יָפֶה דוֹדִי אַף נָעִים
אַף־עַרְשֵׂנוּ רַעֲנָנָה:
קֹרוֹת בָּתֵּינוּ אֲרָזִים
רַחִיטֵנוּ* בְּרוֹתִים:
אֲנִי חֲבַצֶּלֶת הַשָּׁרוֹן
שׁוֹשַׁנַּת הָעֲמָקִים:
כְּשׁוֹשַׁנָּה בֵּין הַחוֹחִים
כֵּן רַעְיָתִי בֵּין הַבָּנוֹת:
כְּתַפּוּחַ בַּעֲצֵי הַיַּעַר
כֵּן דּוֹדִי בֵּין הַבָּנִים
בְּצִלּוֹ חִמַּדְתִּי וְיָשַׁבְתִּי
וּפִרְיוֹ מָתוֹק לְחִכִּי:

Das zweite Lied.

Freudvolle Kunde naht, eine Botschaft und ein Brautgeschenk des Geliebten. W i e und durch wen sie überbracht und mit Liebeswort beantwortet wird,
darüber erfahren wir nichts. Aber ein Name von vielsagender Bedeutung tritt
hier auf: der Name P h a r a o s , des Aegypterkönigs, dessen Rosse und Wagen
solche Berühmtheit in aller Welt besitzen ob ihrer Schnelligkeit und Kraft,
und auch den Marstall des Königs Salomo füllen, „seine Städte für Pferd und
Wagen", von denen Kön. 9, 19 berichtet, stets neu mit ägyptischer Zucht gefüllt
ומוצא הסוסים אשר לשלמה ממצרים (Das. 10, 28.)

Ist ein tieferer Gegensatz wohl denkbar, als des stolzen Pharaonen Rosse
und Reisige und die vermummte Sklavin? Und dennoch! Ihre Elastizität und
Schnellkraft ist ungebrochen! Und kaum gelangt der erste Laut der Erlösung
an ihr Ohr, so steht sie jugendfrisch, freudig wie ein Held, die Bahn zu durch-
messen, aus ihrer Erniedrigung auf, ein Bild der Bewegungs- und Leistungs-
freudigkeit, wie ein junges Pferd, das des Reiters harrt. Und wenn die Braut
nun nach langer Sehnsuchtsfolter zum ersten Male wieder das traute Wort:
„Freundin!" hört, so sagt ihr die Liebesbotschaft: „Meiner Stute am Pharaonen-
wagen vergleiche ich Dich, Du meine Traute!"

Und wie ihr das Gold und Geschmeide steht! Antlitz und Hals und Arme
sind nicht vergröbert und plump geworden durch die harte Arbeit, so daß ein
das Auge beleidigendes Mißverhältnis zwischen dem fürstlichen Schmuck und
der bäurischen Gestalt entstehen würde. Die Spangen und Kettchen passen ihr
wohl. Das Bettlergewand abgestreift, ist die Prinzessin in alter Würde wieder
da! Im Gegenteil, das Geschenk reicht nicht aus. Für die Tage der Hochzeit
wird ihr noch manch neues Stück bereitet, vom Geliebten, den Brautführern
und Hochzeitsgästen.

Solche Botschaft löst selige Erwartung und freudige Bereitschaft für die
Stunde der Freiheit aus. Wie will sie sich rüsten! Hier in der Fremde hat sie
das Duftfläschchen abgelegt, das die freien Mädchen tragen; aber dann wird
sie es wieder an den Busen legen, ihm zuliebe und zum Gruß. Aber was bedeutet ihre Nardenbüchse! Daß der Freund sich an sie schmiegt, das ist ihr
mehr als alle Gewürzkästen; und wenn sie an seiner Seite wieder durch seine
Gärten und Parks zu Engedi wandelt, dann verschwindet ihr die Pracht der
Weinberge; die vollste, blinkendste Traube ist ihr der Geliebte an ihrer Seite.

Nun tauschen die beiden der Liebe Bekenntnis aus. Er gesteht ihr: sieh,
Du bist dennoch, trotz der Spuren von Leid und Mühsal, schön, mit Deinen

treuen, liebeerfüllten Augen! Nein, sagt die Braut, D u bist schön und so gütig, daß Du über alles hinwegsiehst und mich in die Heimat zurückführen willst, mit ihren Zedern und Cypressen, (vergl. Ezech. 27, 5. Aus Cypressen vom Seir bauten sie Dir die Schiffsplatten, und Zedern vom Libanon nahm man, um einen Mast für Dich zu zimmern), ihrem jungen sprossenden Grün. Ich bin ja hier so fremd, gehöre nicht hierher, bin eine Lilie von der Saron-Niederung, eine Rose aus Palästinas Ebenen. Das Bild greift der Liebende auf: ja, Du bist wie eine Rose unter Dornen,und sie erwidert, indem sie immer das ihr gespendete Lob ihm verdoppelt: Du bist nicht nur der holden Blume gleich, Du vereinst als Baum der Liebe alles in Dir: Schönheit, Schatten und süße Frucht.

Das dritte Lied.

II. 4 — 8

Liebeskrank.

„Er reißt mich fort als wie ins Haus des Weins,
Und seine Fahne über mir: die Liebe!
Ach stärkt mich, heilet mich mit Saft und Äpfeln,
Ich bin vor Liebe krank.
Er legt die Linke wohl mir unter's Haupt,
Und seine rechte Hand wird mich umarmen. —
Beschwören muß ich Euch, ihr Frauen von Jerusalem,
Bei Rehen und den Hindinnen des Felds,
Weckt und erreget nicht die Liebe,
Bis daß sie selber will."

III. חוֹלַת אַהֲבָה

הֱבִיאַנִי אֶל־בֵּית הַיָּיִן
וְדִגְלוֹ עָלַי אַהֲבָה:
סַמְּכוּנִי בָּאֲשִׁישׁוֹת רַפְּדוּנִי בַּתַּפּוּחִים
כִּי חוֹלַת אַהֲבָה אָנִי:
שְׂמֹאלוֹ תַּחַת לְרֹאשִׁי
וִימִינוֹ תְּחַבְּקֵנִי:
הִשְׁבַּעְתִּי אֶתְכֶם בְּנוֹת יְרוּשָׁלַ͏ִם
בִּצְבָאוֹת אוֹ בְּאַיְלוֹת הַשָּׂדֶה
אִם־תָּעִירוּ ׀ וְאִם־תְּעוֹרְרוּ אֶת־הָאַהֲבָה
עַד שֶׁתֶּחְפָּץ:

Das dritte Lied.

Die Botschaft hat alle Gefühle mächtig in ihr erregt. Wie trunken wandelt sie, im Rausch und Traum der Liebe, sieht sich mit ihm vereint in den seligen Bezirken der Liebesgemeinschaft. Manchmal will die Glut der Empfindung sie übermannen, sie muß den Chor der Treuen, der sie begleitet, um Hilfe bitten, um die Säfte und Früchte des Liebesbaumes, der die Seelengluten löscht, weil ihre Liebe alle Grenzen übersteigt; sie ist krank von Liebe. Vergessen ist jetzt die Not des Augenblicks, die Sklaverei und ihre Schande, nur dem Geliebten gilt alles Denken und Wollen. Sie fühlt seine Fürsorge, seine Nähe, körperlich, greifbar; seine Linke ist das Pfühl, darauf sie ruht, sein rechter Arm umschlingt sie. So ist sie ganz in seinen Schutz eingebettet und eingetan.

In solchen Wachträumen bewegt sich ihre Seele, auf labilem Grunde schwankt ihr Inneres hin und her. Manchmal ist ihr ruhiger im Gemüte, als schliefen die Gefühle auf dem Grunde der Seele. Aber jedes Wort kann die leise schlummernden wieder erwecken und zum Sturm aufrühren. Beschwörend bittet sie den Chor, nicht durch Erinnerung und Frage ihr Herz zu erregen. Denn Liebe hat ihre eigne Stunde, wo sie kommen darf und muß, wo sie von selber ihrer Erfüllung entgegengeht.

Eigenartig ist die Beschwörung bei Hirschen und Rehen. Diese, die צבאות und אילות השדה sind Bilder der Liebe und Sehnsucht. So spricht Mischle V 19 von אילת אהבים: Ps. 40, 1 von כאיל תערוג. Es sind keusche, scheue Tiere, die aufgestört, eiligst sich flüchten. Bei diesem Symbol der Rehe und Hirsche, die man nicht aufscheuchen darf, die so friedlich grasen, aber bei jedem Zuruf in wilder Hast enteilen, warnt sie ihre treuen Begleiterinnen, die Liebende sich zu überlassen und nicht durch vorlaute Frage und ungebetenen Zuspruch die ruhige Entwicklung der Gefühle zu stören.

Es kann auch heißen: der Geliebte selbst gleicht dem Hirsch und Reh, plötzlich in Eilgeschwindigkeit ist er zur Stelle. Also sorget nicht; ich beschwöre euch bei Hirschen und Rehen, bei der Gewißheit, daß die Erfüllung schneller als erwartet kommt, nicht die Liebe vorzeitig zu wecken.

(Endlich ist diese Eidesformel eine versteckte Beschwörung bei Gott, dem אלוק׳ צבאות und dem אל אלים. Vergl. die כנוי נדרים in Nedarim 10a.)

Das vierte Lied.

II. 8—16

Verlobung.

Horch! Mein Geliebter, er kommt!
Er springt über die Berge,
Hüpft weg über die Hügel!
Es gleicht der Geliebte dem Hirsch,
Dem schnellsten der Rehe;
Sieh da, schon steht er
Hinter der Mauer,
Späht durch die Fenster, schaut durch die Gitter.
Es ruft der Liebste mein
Und spricht zu mir:
„So komme doch Freundin,
Du Schöne, komm mit!
Vorbei ist der Winter
Der Regen ist fort:
Die Blüten erwachen, der Rebschnitt begann:
Und schon erklinget der Taube Lockruf
In unserem Land.
Der Feige Frucht wird reif,
Weinberge knospen und geben Duft.
Auf, komme, Freundin,
Du Schöne, komm mit!
Mein Täubchen aus dem Felsenspalt,
Im Hohlhort des Berghangs,
Laß Dein Antlitz mich schauen,
Deine Stimme mir ertönen,
Deine Stimme, so süß,
Dein Antlitz, so voll Anmut! —
Nur fangt uns die Füchse, die kleinen Füchse,
Die Weinbergszerstörer,
Jetzt, da der Weinberg uns in Blüte prangt.

IV. קוֹל דּוֹדִי הִנֵּה־זֶה בָּא

קוֹל דּוֹדִי הִנֵּה־זֶה בָּא
מְדַלֵּג עַל־הֶהָרִים
מְקַפֵּץ עַל־הַגְּבָעוֹת:
דּוֹמֶה דוֹדִי לִצְבִי אוֹ לְעֹפֶר הָאַיָּלִים
הִנֵּה־זֶה עוֹמֵד אַחַר כָּתְלֵנוּ
מַשְׁגִּיחַ מִן־הַחַלֹּנוֹת
מֵצִיץ מִן־הַחֲרַכִּים:
עָנָה דוֹדִי וְאָמַר לִי
קוּמִי לָךְ רַעְיָתִי יָפָתִי וּלְכִי־לָךְ:
כִּי הִנֵּה הַסְּתָו¹) עָבָר
הַגֶּשֶׁם חָלַף הָלַךְ לוֹ:
הַנִּצָּנִים נִרְאוּ בָאָרֶץ
עֵת הַזָּמִיר הִגִּיעַ
וְקוֹל הַתּוֹר נִשְׁמַע בְּאַרְצֵנוּ:
הַתְּאֵנָה חָנְטָה פַגֶּיהָ
וְהַגְּפָנִים סְמָדַר נָתְנוּ רֵיחַ
קוּמִי לָכִי²) רַעְיָתִי יָפָתִי וּלְכִי־לָךְ:
יוֹנָתִי בְּחַגְוֵי הַסֶּלַע בְּסֵתֶר הַמַּדְרֵגָה
הַרְאִינִי אֶת מַרְאַיִךְ
הַשְׁמִיעִנִי אֶת קוֹלֵךְ
כִּי־קוֹלֵךְ עָרֵב וּמַרְאֵיךְ³) נָאוֶה:
אֶחֱזוּ־לָנוּ שֻׁעָלִים שֻׁעָלִים קְטַנִּים מְחַבְּלִים כְּרָמִים
וּכְרָמֵינוּ סְמָדַר:

¹) הַסְּתָיו קרי
²) לָךְ קרי
³) וּמַרְאֵךְ קרי

Das vierte Lied.

Diese Stunde der Liebe hat jetzt geschlagen. Der Geliebte, siehe, da ist er leibhaftig! הנה זה! (Bisher hat er seine Grüße also nur durch Boten gesandt.) Er kommt von weiter Ferne. Für solche Ferne ist sein Kommen überraschend schnell. Ueber die Berge und Hügel ist er hinweggehüpft. So schnell, so schön, so kraftvoll wie Hirsch und Reh! Immer wieder jubelt die Liebende ihre Freude hinaus. הנה זה, da ist er wirklich, in nächster Nähe, schon hinter der Mauer, schaut durch die Fenster und blickt durch die Luken. Sein Nahen hat etwas Ueberirdisches. Aus der Höhe schaut er hinab nach ihr. Wohl tritt er nicht zu ihr hin, er reicht ihr nicht die Hand, er drückt sie nicht an sich. Alle sonst wohl natürlichsten äußeren Bekundungen körperlicher Nähe fehlen. Aber durch eins erfährt sie glückvoll seine Liebe. Der Freund selbst hebt a n und spricht zu i h r , nicht mehr durch Mittler, er selbst zu ihr selbst: mache Dich auf, Du Traute, Schöne und komme!

Allerdings heißt es nicht: komme zu mir! Aber dafür: in unser Land! D i e H e i m f ü h r u n g a u s d e r F r e m d e ist der Inhalt der Verkündigung! Dazu ist die Zeit jetzt günstig, wo der Frühling seine Macht entfaltet. Im eigenen Lande, da ist die Blüte schön, da lockt der Turtel Girren, da umweht der duftende Wein Dich so lieblich. Da mag die Braut, die jetzt scheu und keusch sich selbst verbirgt, es wieder wagen, zu antworten auf den gehörten Ruf, mag hervorkommen und sich blicken lassen, während sie jetzt wie eine Taube im Felsspalt gegen den Geier Schutz sucht. Da mag sie sich zeigen in ihrer Schönheit, mag singen aus voller Kehle; wie aber sollte sie ihr heilig Lied singen auf fremdem Boden?

Manche Gefahr aber droht noch dem heimischen Boden, dem beiderseitigen Glück! Wie die Füchse den Weinberg unterwühlen, so sind geheime Zerstörer am Werk und wollen alles vernichten, was jetzt Ernte und Glück hoffnungsvoll verspricht. Denn das Gut, das dem Edlen bestimmt ist, lockt die Gemeinen; so lockt der Weinberg Israels die Füchse. Umso dringender wiederholt der Geliebte sein: „קומי לך ולכי לך komme und sei bereit!"

Das fünfte Lied.

II. 17—18

Noch ist's nicht Zeit.

Sie: Der Geliebte ist mein,
Und ich bin sein,
Der unter Rosen weidet.
Doch bis der Tag erglüht,
Und alle Schatten schwinden,
Wende zurück Dich,
Du, mein Geliebter,
So schnell wie der Hirsch,
So rasch wie das Reh,
Zu den Bergen der Trennung.

V. סֹב דּוֹדִי

דּוֹדִי לִי וַאֲנִי לוֹ הָרֹעֶה בַּשּׁוֹשַׁנִּים:

עַד שֶׁיָּפוּחַ הַיּוֹם וְנָסוּ הַצְּלָלִים

סֹב דְּמֵה לְךָ דוֹדִי לִצְבִי אוֹ לְעֹפֶר הָאַיָּלִים

עַל הָרֵי בָתֶר:

Das fünfte Lied.

Dennoch kann sie dem Ruf nicht folgen. Immer sind es schwere, kritische Tage zwischen Verlobung und Vermählung. Und lassen sich doch nicht entbehren und überspringen. Noch ist der Tag der Seligkeit, der morgenschön angebrochen, nicht im vollen Sonnenstrahl erglüht, noch lagern nächtliche Schatten über ihm, so muß nochmals die bittre Trennung ertragen werden. Sie selbst erkennt die Notwendigkeit und sagt dem Freunde: wende Dich wieder zurück in die Weite, zu Deiner Heimat fernen Höhen, die trennend zwischen uns liegen. Aber ein Bewußtsein ist ihr als köstlicher Schatz geblieben: der Freund ist ihr so zugetan, wie sie ihm, der edle Freund, der Hirt im Rosenhag, der auch sie, die Rose der Tieftäler, in den Heimatboden pflanzen will.

Bei dem Bild des „Hirten unter den Schoschanim" ist an den malerischen Anblick der Saronsebene gedacht, die im Frühling von Lilien, Hyazynthen und Saronsrosen — alles meint שׁוֹשַׁנִּים — in buntem Schmucke prangt und einen farbenreichen Hintergrund für Hirten und Herde gibt. Im übertragenen Sinne sagt das, daß der Geliebte stets von Schönheit und Farbenpracht umgeben erscheint; „zu seinen Füßen ist's, als strahlte es im Saphirglanz und wie der Azur des Himmels an Reinheit."

Das sechste Lied.

III. 1—5.

Traum der Liebe.

Auf meiner Lagerstatt in dunklen Nächten,
Da sucht ich den, den meine Seele liebt,
Ich suchte ihn und konnt' ihn nimmer finden,
Ich möcht' wohl aufstehn,
Möcht umhergehn in der Stadt,
Den Märkten und Straßen,
Den meine Seele liebt, ihn möcht' ich suchen.
Ich suchte ihn und könnte nie ihn finden.
Da fänden mich die Wächter
Beim Rundgang durch die Stadt:
„Den meine Seele liebt, sagt, saht ihr ihn?".
Doch wenn ich kaum vorüber bin an ihnen,
Da endlich find' ich ihn, den meine Seele liebt,
Ich halt' ihn fest und werd' ihn nimmer lassen,
Bis ich ihn heimgeführt in meiner Mutter Haus,
Ins elterliche Kämmerlein.
O, ich beschwör' Euch, Töchter von Jerusalem,
Bei Rehen und des Feldes Hindinnen:
Erregt und wecket nicht die Liebe,
Bis es ihr selbst gefällt!

‏VI. בִּקַּשְׁתִּי אֵת שֶׁאָהֲבָה נַפְשִׁי

‏עַל מִשְׁכָּבִי בַּלֵּילוֹת
‏בִּקַּשְׁתִּי אֵת שֶׁאָהֲבָה נַפְשִׁי
‏בִּקַּשְׁתִּיו וְלֹא מְצָאתִיו:
‏אָקוּמָה נָּא וַאֲסוֹבְבָה בָעִיר
‏בַּשְּׁוָקִים וּבָרְחֹבוֹת
‏אֲבַקְשָׁה אֵת שֶׁאָהֲבָה נַפְשִׁי
‏בִּקַּשְׁתִּיו וְלֹא מְצָאתִיו:
‏מְצָאוּנִי הַשֹּׁמְרִים הַסֹּבְבִים בָּעִיר
‏אֵת שֶׁאָהֲבָה נַפְשִׁי רְאִיתֶם:
‏כִּמְעַט שֶׁעָבַרְתִּי מֵהֶם
‏עַד שֶׁמָּצָאתִי אֵת שֶׁאָהֲבָה נַפְשִׁי
‏אֲחַזְתִּיו וְלֹא אַרְפֶּנּוּ
‏עַד שֶׁהֲבֵיאתִיו אֶל־בֵּית אִמִּי
‏וְאֶל־חֶדֶר הוֹרָתִי:
‏הִשְׁבַּעְתִּי אֶתְכֶם בְּנוֹת יְרוּשָׁלַ͏ִם
‏בִּצְבָאוֹת אוֹ בְּאַיְלוֹת הַשָּׂדֶה
‏אִם־תָּעִירוּ וְאִם־תְּעוֹרְרוּ אֵת הָאַהֲבָה
‏עַד שֶׁתֶּחְפָּץ:

Das sechste Lied.

Aus den Erlebnissen dieser erneuten Trennung erzählt uns nun das sechste Lied. Am Tage, da hält die Zukunftserwartung, die sichere Zuversicht auf das kommende Glück ihre Seele in Schranken. Aber in den Nächten, wenn sie Schlummer sucht, da will der Puls nicht zur Ruhe kommen. Da sucht die Phantasie des Traumes der niedergehaltenen Sehnsucht ihr Recht wiederzugeben. Ruhelos wälzt sie sich auf ihrem Lager, streckt verlangend die Arme aus, den Geliebten mit der Seele suchend, und findet ihn nicht.

Der Traum, der die Scheu abwirft und unsre letzten Wünsche uns enthüllt, läßt sie aufstehen — sie sagt zwar ein wenig verschämt: אקומה נא — und hin und her auf die Suche gehn, alles aber umsonst! Sie fragt — im Traum ist ja alles möglich — die Wächter, ob sie ihn nicht gesehn hätten. Vergebens.

Als sie alle Hoffnung schon aufgegeben — da findet sie ihn, den ihre Seele liebt, und sagt: „einmal habe ich Dich wieder fortgelassen, jetzt aber halte ich Dich fest, ich will nicht ohne Dich sein, Du mußt mir, Du ferner Freund aus den Bergen der Trennung, folgen, ganz mit mir gehn, hin ins elterliche Haus, wo ich geboren und zu Hause bin."

So träumt ihre Seele und verrät dadurch das Wallen und Kämpfen in ihrer Brust, das sich ihr und uns verborgen hatte. Und sie wiederholt ihre alte Bitte an die Töchter Jerusalems; denn ihr Seelenzustand ist heute kein andrer wie vor dem Erscheinen des Freundes, noch immer ist ihr Herz zum Ueberlaufen voll und nur zarte Schonung kann das Losbrechen ihrer stürmischen Gefühle verhüten.

Das siebente Lied.

Hochzeitszug.

Was zieht herauf dort von der Wüste?
Wie palmenhohe Säulen steigt der Rauch,
Von Myrrhe duftend und von Balsam,
Viel herrlicher als aller Händler Würze!
Sieh da, die Sänfte ist's des Salomo!
Der Helden sechzig um sie her,
Der Helden Israels,
Sie alle schwertgegürtet, kriegsgeübt,
Sein Schwert ein jeder an der Hüfte,
Der Nächte Angst zu scheuchen.
Den Tragstuhl hat sich König Salomo gebaut
Aus Holz vom Libanon;
Die Säulen hat von Silber er gebaut,
Von Gold die Lehne
Und seinen Sitz von Purpur.
Das Polster aber drinnen ist die Liebe
Der Töchter von Jerusalem.
Kommt her und schaut, ihr Töchter Zions,
Den König Salomo im Schmuck der Krone,
Mit der sie mütterlich ihn heut' gekrönt,
Am Tage seiner Hochzeit,
An seines Herzens Wonnetag!

יוֹם חֲתֻנָּתוֹ .VII

מִ֤י זֹאת עֹלָה֙ מִן־הַמִּדְבָּ֔ר

כְּתִֽימֲרֹ֖ות עָשָׁ֑ן

מְקֻטֶּ֤רֶת מֹר֙ וּלְבֹונָ֔ה

מִכֹּ֖ל אַבְקַ֥ת רֹוכֵֽל:

הִנֵּ֗ה מִטָּתֹו֙ שֶׁלִּשְׁלֹמֹ֔ה

שִׁשִּׁ֥ים גִּבֹּרִ֖ים סָבִ֣יב לָ֑הּ

מִגִּבֹּרֵ֖י יִשְׂרָאֵֽל:

כֻּלָּם֙ אֲחֻ֣זֵי חֶ֔רֶב מְלֻמְּדֵ֖י מִלְחָמָ֑ה

אִ֤ישׁ חַרְבֹּו֙ עַל־יְרֵכֹ֔ו מִפַּ֖חַד בַּלֵּילֹֽות:

אַפִּרְיֹ֗ון עָ֤שָׂה לֹו֙ הַמֶּ֣לֶךְ שְׁלֹמֹ֔ה

מֵעֲצֵ֖י הַלְּבָנֹֽון:

עַמּוּדָיו֙ עָ֣שָׂה כֶ֔סֶף

רְפִידָתֹ֣ו זָהָ֔ב

מֶרְכָּבֹ֖ו אַרְגָּמָ֑ן

תֹּוכֹו֙ רָצ֣וּף אַהֲבָ֔ה מִבְּנֹ֖ות יְרוּשָׁלָֽ͏ִם:

צְאֶ֧ינָה ׀ וּֽרְאֶ֛ינָה בְּנֹ֥ות צִיֹּ֖ון בַּמֶּ֣לֶךְ שְׁלֹמֹ֑ה

בָּעֲטָרָ֗ה שֶׁעִטְּרָה־לֹּ֤ו אִמֹּו֙

בְּיֹ֣ום חֲתֻנָּתֹ֔ו וּבְיֹ֖ום שִׂמְחַ֥ת לִבֹּֽו:

Das siebente Lied.

יום חתנותו יום שמחת לבו. Der Tag seiner Hochzeit, seiner Herzensfreude, der geweihte Tag, des Lebens Höhepunkt, der einzige reiner Freude, da ein Strahl himmlischer Seligkeit und Vollendung vom Menschen empfunden wird, da liebende Hände die Krone reichen, nun ist er da! Jetzt erst im hochzeitlichen Schmucke heißt der Freund wieder: König! Unser staunendes Miterleben drückt der Sänger in der Frage aus: was ist das, was dort aus der Wüste hinaufzieht? Der Hochzeitszug kündet von der Ferne sich an. Er zieht hinauf, er führt' in die Höhe. Er kommt von der Wüste her, aus der Welteinsamkeit tritt Bräutigam und Braut jetzt in der Menschen Mitte.

Den fernen Zug zeigen, wie sonst der aufwirbelnde atemraubende Staub, Rauchsäulen von Duft und Myrrhe, erquickend und befreiend an. Der Zug kommt näher, und siehe da die Traglehne, die für den königlichen Salomo bestimmt ist. Ihn selbst sieht man nicht. Nur sein Geleite schreitet vor unsren Augen daher, Helden, schwertgegürtete, denen kein Schreck der Finsternis etwas anhaben kann. Immer deutlicher wird der Hochzeitsprunkwagen sichtbar, wir bewundern seine edle Pracht und Festigkeit. Aber alles ist überstrahlt und geadelt durch die Liebe der Geliebten, die all der Herrlichkeit erst Sinn und Inhalt gibt, die ganz eigentlich das Innerste all dieser Schönheit ist. Das ist eine Augenweide, des Königs Strahlenkrone weithin leuchten zu sehen, deren Licht hervorbricht aus dem Prachtzelt, als ein Ausdruck der Liebe und des demütigen Stolzes, mit der mütterliche Hand ihn am Hochzeitstage gekrönt.

Der Sang vom Hochzeitszug und seiner Herrlichkeit schweigt von der Braut. Kein Wort kündet, daß sie an der Seite des Geliebten sich findet, was doch zu allererst zu erwarten wäre. Ja, selbst wo von der Liebe gesprochen wird, mit der alles ausgelegt und erfüllt ist, heißt es: mit Liebe von den Töchtern Jerusalems. Die Braut ist verschwunden gegenüber dem Begleitchor, der sie stets umgeben hat. Alles dies ist nur erklärlich aus dem Charakter unsres Gedichts, das hier mehr denn je aus dem Vergänglichen ins Gleichnis, aus dem Bilde zur Allegorie hinausdrängt. Braut und Bräutigam, beide bleiben unsichtbar beim Hochzeitszuge. Das Lied kann also nicht zwei schlichte Menschen meinen, die ihres Herzens Wonnetag erleben.

Es heißt הראיני את מראיך, nicht zum physischen, direkten Schauen werden sie geladen. (Vergl. וראאהו בישועתי Ps. 91, 16; oder אולי יראה ה׳ בעוני 2. S. 16, 12; ferner Ps. 37, 34. Obad. 12, 13, Jer. 29, 32. Hiob 3, 9. 2 R. 10, 16 u. a. m.) Selbst der liberale Theologe Budde betont mit besonderem Nachdruck, daß es im ganzen Liede sich nur um die Prozession mit dem leeren Sitzgerät, nicht um einen Hochzeitszug eines Königs handle, dessen Person hier sonst hätte hervorgehoben werden müssen.

Die Freundinnen der Braut sind mit ganzer Seele an dem Akt beteiligt; darin unterscheidet sich dieser Chor von dem antiken, daß er nicht nur schauend und sinnend, sondern tätig, mit innerer Anteilnahme, das Glück der Braut miterlebt. So gibt das Lied ihnen an dieser Stelle den Ehrennamen: Töchter Zions, als des ausgezeichneten, hehrsten Teils der heiligen Stadt.

Das achte Lied.

Das Entzücken des Bräutigams.

„Schön bist Du, Freundin, bist so schön!
Zwei Tauben Deine Augen vor dem Kopfbund;
Dein Haar wie eine Heerde Ziegen,
Die niedersteigt vom Berge Gilead;
Und deine Zähne wohlgereiht
Wie eine Heerde nach der Schur,
Die frisch vom Bade kommen,
Die alle zwillingsgleich und keines fehlbehaftet;
Ein roter Faden Deine Lippen,
Und Deine Rede lieblich;
Wie der Granat geründet Deine Wange,
Aus Deinem Schleier lugend;
Wie Davids Turm Dein Hals,
Gebaut für Rüstungsschmuck,
Dran tausend Schilde hängen, lauter Heldenschilde;
Und Deine Brüste zweien Hirschen gleich,
Zwillingsgeschwistern, unter Rosen weidend.
Doch bis der Tag in voller Gluht ersteht,
Die Schatten alle schwinden,
Will nochmals ich zum Myrrhenberg,
Zum Balsamshügel gehen.
An Dir ist, Freundin, alles schön,
Ein Fehl ist nicht an Dir."

אֵלֵךְ לִי .VIII

הִנָּךְ יָפָה רַעְיָתִי הִנָּךְ יָפָה
עֵינַיִךְ יוֹנִים מִבַּעַד לְצַמָּתֵךְ
שַׂעְרֵךְ כְּעֵדֶר הָעִזִּים
שֶׁגָּלְשׁוּ מֵהַר גִּלְעָד:
שִׁנַּיִךְ כְּעֵדֶר הַקְּצוּבוֹת
שֶׁעָלוּ מִן־הָרַחְצָה
שֶׁכֻּלָּם מַתְאִימוֹת
וְשַׁכֻּלָה אֵין בָּהֶם:
כְּחוּט הַשָּׁנִי שִׂפְתוֹתַיִךְ
וּמִדְבָּרֵךְ נָאוֶה
כְּפֶלַח הָרִמּוֹן רַקָּתֵךְ מִבַּעַד לְצַמָּתֵךְ:
כְּמִגְדַּל דָּוִיד צַוָּארֵךְ
בָּנוּי לְתַלְפִּיּוֹת
אֶלֶף הַמָּגֵן תָּלוּי עָלָיו
כֹּל שִׁלְטֵי הַגִּבֹּרִים:
שְׁנֵי שָׁדַיִךְ כִּשְׁנֵי עֳפָרִים תְּאוֹמֵי צְבִיָּה
הָרֹעִים בַּשּׁוֹשַׁנִּים:
עַד שֶׁיָּפוּחַ הַיּוֹם וְנָסוּ הַצְּלָלִים
אֵלֶךְ לִי אֶל־הַר הַמּוֹר
וְאֶל־גִּבְעַת הַלְּבוֹנָה:
כֻּלָּךְ יָפָה רַעְיָתִי
וּמוּם אֵין בָּךְ:

Das achte Lied.

Hatte der Festzug nur die herrliche Erscheinung des königlichen Bräutigams besungen, so gilt der Hymnus jetzt dem Lobe der Braut aus dem Munde des jungen Gatten, der sie heimführt. Schon einmal hatte er bekannt: „Du bist so schön, Freundin!" Aber damals war es mehr die beruhigende Versicherung, daß Elend und Erniedrigung ihr den Reiz der Schönheit nicht haben rauben können. Es war ein „dennoch", das über die Gewalten des Schicksals siegt. Hier ist es die glückliche und beglückende Erkenntnis des jungen Gatten, dem sein Weib erst jetzt ihr ganzes Wesen, ihren vollen reichen Zauber entfaltet.

Jeder einzelne Zug ihrer Schönheit entzückt ihn von neuem: ihre Augen, die aus der züchtigen Haarverhüllung taubentreu hervorlugen, da jetzt, nach der Heimführung, ihr langes strähniges Haar sich in dem Beutel des Kopftuches fängt; ihre weißen Zähne, ein Bild der Gesundheit und Symmetrie (gleich den weißwolligen Schafen, die gepaart und ohne Fehl aus dem Bade kommen.) Schwarz das Haar, weiß die Zähne, purpurrot die Lippen, aus denen jedes Wort anmutig hervortönt; rund und zart gerötet wie die Granatschale die Wange, die von dem Kopftuche sich abhebt. Der Hals mit seinem Schmucke hinausragend über den Leib, wie der Davidsturm mit Trophäen geschmückt über die heilige Stadt hinausragt.

(Vergl. bei Ezechiel 23, 25 eine Strafrede auf Israel, als Buhlerin: אפך ואזניך יסירו לך Deine Nase und Deine Ohren werden sie Dir abschneiden", wo auch diese Körperteile im übertragenen Sinne gemeint sind. Ebenso bietet derselbe Prophet 27, 10 eine Parallele zu אלף המגן תלוי עליו, indem er von Tyrus sagt: מגן וכובע תלו בך. Die Schilderung dort bietet überhaupt mancherlei interessante Analogien.)

Und der Leib selbst, in vollkommenstem Gleichmaß gebaut, „verzwillingt", voll Lebendigkeit und Liebreiz, wie Gruppen junger Hirsche, die im Blumengefilde der Saronsebene unter weißen Rosen grasen. In solcher Schönheit sieht des Bräutigams Auge am Hochzeitstage sein Weib.

Aber wenn sie auch die seine schon geworden ist, so soll sie doch erst in die heimatlichen Gefilde zurückgeführt werden. Dort erst wird sie ganz ihm verbunden sein, dort erst wird der Sonne voller Glanz sich ihnen erschließen. Solange heißt sie noch רעיתי, Freundin, Traute.

Diese Hochzeit ist gewissermaßen nur das אירוסין, die Antrauung des Talmud, die zwar eine unlösliche Verknüpfung der beiden Liebenden darstellt, aber doch noch keine נשואין, keine Heimführung bedeutet.

Wiederum ist ihm e i n Bewußtsein der köstliche Gewinn dieser Stunde: die Geliebte ist ganz und gar, ist über und über voll Schönheit, ein Fehl ist nicht an ihr.

Das neunte Lied.

IV. 8—15

Hochzeitskarmen am Einzugstag.

„Komm mit mir Braut, vom Libanon,
Komm mit vom Libanon herab,
Schau nieder von Amanas Gipfel,
Vom schneeigen Haupt des Snir und Hermon,
Wo Löwen hausen und die Panther!
Bezaubert hast, bräutliche Schwester Du,
Bezaubert mich mit jedem Deiner Augen,
Mit einer einz'gen Perle Deines Halsgeschmeides.
Wie hold ist Deine Liebe, Schwester, Braut!
Wie süß ist Deine Liebe, mehr denn Wein!
Viel edler ist Dein Duft als alle Würze.
Es strömen Deine Lippen süßen Seim,
Honig und Milch ist Deiner Zunge Wort,
Der Kleider Duft wie der des Libanon.
Ein Garten, stillverschlossen, bist Du, Schwester, Braut,
Bist ein verschlossner Quell,
Ein Bronnen, zugesiegelt.
All' Deine Schößlinge ein Paradies,
Köstlicher Früchte ein Granatenhain,
Von Cyprus duftend und von Narden.
Ja Narde, Crokus, Zimmt und Würzrohr
Zusamt den duft'gen Hölzern all',
Myrrhe, Aloë, herrlichstes Gewürz.
Ein Bronnen bist Du in den Gärten,
Ein Quell lebendig frischen Wassers,
Kühl strömend aus dem Libanon."

‫אִתִּי מִלְּבָנוֹן‬ .IX

‫אִתִּי‬ מִלְּבָנוֹן כַּלָּה
אִתִּי מִלְּבָנוֹן תָּבוֹאִי
תָּשׁוּרִי ׀ מֵרֹאשׁ אֲמָנָה
מֵרֹאשׁ *שְׂנִיר וְחֶרְמוֹן
מִמְּעֹנוֹת אֲרָיוֹת מֵהַרְרֵי נְמֵרִים:
לִבַּבְתִּנִי אֲחֹתִי כַלָּה
לִבַּבְתִּנִי בְּאַחַד** מֵעֵינַיִךְ
בְּאַחַד עֲנָק מִצַּוְּרֹנָיִךְ:
מַה־יָּפוּ דֹדַיִךְ אֲחֹתִי כַלָּה
מַה־טֹּבוּ דֹדַיִךְ מִיַּיִן
וְרֵיחַ שְׁמָנַיִךְ מִכָּל־בְּשָׂמִים:
נֹפֶת תִּטֹּפְנָה שִׂפְתוֹתַיִךְ כַּלָּה
דְּבַשׁ וְחָלָב תַּחַת לְשׁוֹנֵךְ
וְרֵיחַ שַׂלְמֹתַיִךְ כְּרֵיחַ לְבָנוֹן:
גַּן ׀ נָעוּל אֲחֹתִי כַלָּה
גַּל ׀ נָעוּל מַעְיָן חָתוּם:
שְׁלָחַיִךְ פַּרְדֵּס רִמּוֹנִים עִם פְּרִי מְגָדִים
כְּפָרִים עִם־נְרָדִים:
נֵרְדְּ ׀ וְכַרְכֹּם קָנֶה וְקִנָּמוֹן
עִם כָּל־עֲצֵי לְבוֹנָה
מֹר וַאֲהָלוֹת עִם כָּל־רָאשֵׁי בְשָׂמִים:
מַעְיַן גַּנִּים בְּאֵר מַיִם חַיִּים
וְנֹזְלִים מִן־לְבָנוֹן:

Das neunte Lied.

Endlich ist nun die volle Erfüllung, die wirkliche „Heimführung" erreicht, wo auf heimatlicher Flur die Liebende ihre Vereinigung mit dem Gatten feiert. Hier und nur hier trägt sie den Namen: Kalloh, der sechsmal sich wiederholt, noch verstärkt durch den Zusatz: Schwester, zum Ausdruck dafür, daß die Vereinigung von des Liebenden Seite als natürlich und selbstverständlich empfunden wird, und daß die junge Gattin sich ihrem Gefährten als mitstrebende, mit ihm gleichwollende und gleichfühlende Genossin ebenbürtig zur Seite stellt. So beginnt der Gatte das Hochzeitskarmen bezeichnend mit dem Worte: אתי mit mir und neben mir!" als wollte er die Losung ihr für die gemeinsame Zukunft geben.

Gedacht ist die Szene so, als beträte der Gatte mit seiner Anvermählten von den nördlichen Bergen her den Boden Palästinas, und vom Libanon und Antilibanon (Amana), vom schneeigen Gipfel des Hermon schaut die Braut zuerst hinab in das Land ihrer Bestimmung, dieses Land der Schauer und der Größe, der Erhabenheit und Furchtbarkeit.

Die Uebersetzung: „Komm mit mir, Braut, v o m Libanon", ist übrigens ungewiß. Stellen wie Jes. 22, 3 כל נמצאיך מרחוק ברחו „Alle Deine Einwohner sind i n die Ferne entflohen", wie Prov. 7, 19 הלך האיש מרחוק „Der Mann ist in die Ferne gereist", wie ויסע לוט מקדם „Lot zog n a c h Osten", in die Richtung von Sodom (Genesis 13, 11), ferner Gen. 11, 2, Jes. 17, 13 und 23, 6 beweisen, daß das מ׳ auch das Ziel angeben kann, indem der Hebräer sich an das Wegesende versetzt und von dort die Reise veranlaßt fühlt. Dann würde unsre Stelle heißen: Komm mit mir, Braut, z u m Libanon in Uebereinstimmung mit der historischen Besitzergreifung Palästinas, deren letzter Zielpunkt die Höhen des Libanon um Damaskus waren.

Hier auf heimischer Erde, der Väterscholle, hier zeigt sich die Schönheit und Liebe der jungen Gattin so reich, daß der Gatte ihr sagt, sein Herz ist überglücklich schon mit einer Hälfte all der Wonnen, die sie ihm bereitet. Vor allem: ihre Rede ist voll Anmut und Würde und Kraft, ihr Gewand voll naturhafter Reinheit. Jetzt zeigt sich ihm der Charakter der Braut ohne alle Schranken, die die gegenseitige Fremdheit sonst Liebenden auferlegt.

Da spricht er das herrliche, einzigartige Lob ihrer Keuschheit und Züchtigkeit, ihrer reinen Schamhaftigkeit und Weiblichkeit in den Worten aus: „ein verschlossener Garten ist meine schwesterliche Braut!" Sie ist ein Garten, voll Blüte und Frucht, ein Quell, der die Durstenden stillen kann, aber keine unberufene Hand kann sich an ihnen vergreifen, sie gehörten und gehören einzig und allein dem, der sie gefreit. So ist alles, was von ihr ausgeht, was unter ihrem

Einfluß steht, mitgeweiht von der Kraft ihrer Persönlichkeit, alles umweht von dem edlen Duft ihres Wesens.

Indem das Bild von Garten und Bronnen festgehalten wird, wird der Reichtum der salomonischen Gewürzgärten und die lebensprudelnden Libanonsbäche zum Gleichnis ihres Wesens. Der Sänger kann sich nicht genug tun in der Aufzählung der mannigfachen Duftpflanzen, die ihre „paradiesische" Natur in sich faßt. Reinheit und Schlichtheit ist ihr Wesen und doch voll Differenzierung und Feinheit, immer neu, immer von ungewohntem Reiz.

Die Wendung: „mit einem Deiner beiden Augen hast Du mich entzückt" erklärt sich voll aus Talmud Sabbat 80 אמר רב הונא שכן צנועות כוחלות עין אחת wo Raschi bemerkt: „keusche Frauen gehen verhüllt und entblößen nur ein Auge, um zu sehn."

Das zehnte Lied.

IV. 16—V. 1

Hochzeitsmahl.

„Du Wind, wach auf vom Norden, komm vom Süden,
Durchweh den Garten, daß die Düfte strömen!
Und mein Geliebter komm' in seinen Garten
Und esse seine köstlich süße Frucht."
„Ich komm' in meinen Garten, Schwester, Braut,
Ich pflücke meine Myrrhe voller Duft,
Ich esse meine honigreiche Wabe,
Ich trinke meinen rot- und weißen Wein.
Schmaust, Ihr Gefährten, trinkt,
Den Rauschtrank schlürft, Ihr lieben Freunde!"

X. אִכְלוּ רֵעִים

עוּרִי צָפוֹן וּבוֹאִי תֵימָן
הָפִיחִי גַנִּי יִזְּלוּ בְשָׂמָיו
יָבֹא דוֹדִי לְגַנּוֹ
וְיֹאכַל פְּרִי מְגָדָיו:
בָּאתִי לְגַנִּי אֲחֹתִי כַלָּה
אָרִיתִי מוֹרִי עִם־בְּשָׂמִי
אָכַלְתִּי יַעְרִי עִם־דִּבְשִׁי
שָׁתִיתִי יֵינִי עִם־חֲלָבִי
אִכְלוּ רֵעִים שְׁתוּ וְשִׁכְרוּ דּוֹדִים·

Das zehnte Lied.

Solchen Ehebundes Beginn mag gefeiert werden. Die erste Stunde, da der Garten dem Winde sich öffnet, seinen Duft hinausträgt, seine Frucht spendet, die er dem Liebenden aufgespart, da alle Sinne des Liebenden beglückt des neuen Eigentums froh werden!

In jeder Windlage wird der Garten Freuden bieten! Ob der kühle Nordwind in ihn hineinfährt oder der heiße, sonst so verderbliche Südwind über ihm lagert, oder ob beide einander ausgleichend sich treffen, immer bleibt er voll Frische und Duft.

Jene holde Stunde des Anbeginns ruft alle zum Fest. Da mag der Kreis der Genossen sich zu Mahl und Becherklang, zu allen Arten des Weins*) sich jubelnd versammeln. So mächtig wirkt dieser Stunde Glück auf alle, daß sie aus Genossen liebende Freunde der beiden Glücklichen werden.

---

* חלב bedeutet neben יין Weißwein. Ezechiel 27,18 spricht gradezu von יין חלבון, ähnlich Gen. 49,12. Prov. 23,31.

DES HOHENLIEDES
ZWEITER TEIL.

Das elfte Lied.

V. 2—VI. 3.

Liebesleid nach neuer Trennung.

Schlaftrunken war ich, und mein Herze wach.
Horch, mein Geliebter klopft!
„So öffne mir doch, Schwester, Freundin, reine Taube!
Mein Haupt ist voll des Tau's geworden,
Die Locken triefen von dem Naß der Nacht."
Ich hatt' mein Jungfraunkleid ja abgelegt,
Wie mocht' ich nur mich wieder darein kleiden?
Ich hatte meine Füße ja gebadet,
Wie war's nur möglich, daß ich sie beschmutzt?
Schon hatte der Geliebte seine Hand
Entgegen mir gestrecket durch den Spalt,
Und alles in mir wallte ihm entgegen.
Ich raffte mich empor, dem Freund zu öffnen,
Von Myrrhe troffen über meine Hände,
Von meinen Fingern rannen Myrrhentropfen
Hernieder auf den Griff des Schlosses.
So hatte ich dem Freunde aufgetan —
Doch der Geliebte war verschwunden — fort!
Ich bin von Sinnen, seit der Freund gesprochen.
Ich suche ihn, o ihn, und finde ihn nicht mehr,
Ich ruf' nach ihm, er antwortet mir nicht.
Es fanden mich die Wächter
Beim Rundgang durch die Stadt.
Sie schlugen blutig mich und wund,
Den Schleier rissen sie mir ab,
Sie, die die Mauern hüten.
Ich aber, Frauen von Jerusalem, beschwöre Euch,
Wenn den Geliebten Ihr mir findet,
Was werdet ihr ihm sagen?
„Nur, daß ich krank vor Liebe bin."
„Was ist vor andren Freunden denn Dein Freund,

XI. הִכּוּנִי פְּצָעוּנִי

אֲנִי יְשֵׁנָה וְלִבִּי עֵר
קוֹל ו דּוֹדִי דוֹפֵק
פִּתְחִי־לִי אֲחֹתִי רַעְיָתִי יוֹנָתִי תַמָּתִי
שֶׁרֹאשִׁי נִמְלָא־טָל קְוֻצּוֹתַי רְסִיסֵי לָיְלָה:
פָּשַׁטְתִּי אֶת כֻּתָּנְתִּי אֵיכָכָה אֶלְבָּשֶׁנָּה
רָחַצְתִּי אֶת רַגְלַי אֵיכָכָה אֲטַנְּפֵם:
דּוֹדִי שָׁלַח יָדוֹ מִן־הַחֹר וּמֵעַי הָמוּ עָלָיו:
קַמְתִּי אֲנִי לִפְתֹּחַ לְדוֹדִי
וְיָדַי נָטְפוּ־מֹר וְאֶצְבְּעֹתַי מוֹר עֹבֵר
עַל כַּפּוֹת הַמַּנְעוּל:
פָּתַחְתִּי אֲנִי לְדוֹדִי וְדוֹדִי חָמַק עָבָר
נַפְשִׁי יָצְאָה בְדַבְּרוֹ
בִּקַּשְׁתִּיהוּ וְלֹא מְצָאתִיהוּ
קְרָאתִיו וְלֹא עָנָנִי:
מְצָאֻנִי הַשֹּׁמְרִים הַסֹּבְבִים בָּעִיר
הִכּוּנִי פְצָעוּנִי
נָשְׂאוּ אֶת־רְדִידִי מֵעָלַי שֹׁמְרֵי הַחֹמוֹת:
הִשְׁבַּעְתִּי אֶתְכֶם בְּנוֹת יְרוּשָׁלָיִם
אִם תִּמְצְאוּ אֶת־דּוֹדִי
מַה־תַּגִּידוּ לוֹ
שֶׁחוֹלַת אַהֲבָה אָנִי:
מַה־דּוֹדֵךְ מִדּוֹד הַיָּפָה בַּנָּשִׁים
מַה־דּוֹדֵךְ מִדּוֹד שֶׁכָּכָה הִשְׁבַּעְתָּנוּ:

Du schönste aller Frauen,
Was ist Dein Liebster denn so Einziges,
Daß du uns so beschwörst?"
„Mein Geliebter leuchtet weiß und rot,
Aus Myriaden ragt er empor.
Sein Haupt wie eitel Gold,
Der Haare Locken rabenschwarz,
Seine Augen, gleich Tauben am Wasserquell,
Gebadet in Milch, eingefügt in Fassung.
Wie duft'ge Beete seine Wangen,
Drin würz'ge Kräuter wachsen,
Seine Lippen rosenrot, von vieler Myrrhe triefend.
Goldreifen seine Hände,
Gefaßt in Tarsisstein,
Sein Leib wie Elfenbein,
Umlegt mit Saphirsteinen.
Seine Schenkel Marmorsäulen,
Auf goldnen Füßen ruhend,
Sein Anblick ragend wie der Libanon,
Erhaben wie die Zedern.
Sein Mund ist Süße,
Ach, ganz und gar ist er der Anmut voll,
Das ist mein Liebster, das mein Freund,
Ihr Frauen von Jerusalem."
„Wohin denn ging Dein Freund,
Du schönste aller Frauen?
Wo wandte er sich hin, Dein Freund?
Wir woll'n mit Dir ihn suchen."
„Mein Freund, der stieg hinab in seinen Garten,
In Beete duft'ger Würze,
Dort weidet er in Gärten,
Dort pflückt er Rosen. —
Ich bin des Geliebten,
Der Geliebte ist mein,
Der Hirt auf der Rosentrift."

דּוֹדִי צַח וְאָדוֹם
דָּגוּל מֵרְבָבָה:
רֹאשׁוֹ כֶּתֶם פָּז
קְוֻצּוֹתָיו תַּלְתַּלִּים שְׁחֹרוֹת כָּעוֹרֵב:
עֵינָיו כְּיוֹנִים עַל־אֲפִיקֵי מָיִם
רֹחֲצוֹת בֶּחָלָב
יֹשְׁבוֹת עַל־מִלֵּאת:
לְחָיָו כַּעֲרוּגַת הַבֹּשֶׂם
מִגְדְּלוֹת מֶרְקָחִים
שִׂפְתוֹתָיו שׁוֹשַׁנִּים
נֹטְפוֹת מוֹר עֹבֵר:
יָדָיו גְּלִילֵי זָהָב
מְמֻלָּאִים בַּתַּרְשִׁישׁ
מֵעָיו עֶשֶׁת שֵׁן
מְעֻלֶּפֶת סַפִּירִים:
שׁוֹקָיו עַמּוּדֵי שֵׁשׁ
מְיֻסָּדִים עַל־אַדְנֵי־פָז
מַרְאֵהוּ כַּלְּבָנוֹן בָּחוּר כָּאֲרָזִים:
חִכּוֹ מַמְתַקִּים וְכֻלּוֹ מַחֲמַדִּים
זֶה דוֹדִי וְזֶה רֵעִי בְּנוֹת יְרוּשָׁלָיִם:
אָנָה הָלַךְ דּוֹדֵךְ הַיָּפָה בַּנָּשִׁים
אָנָה פָּנָה דוֹדֵךְ
וּנְבַקְשֶׁנּוּ עִמָּךְ:
דּוֹדִי יָרַד לְגַנּוֹ לַעֲרוּגוֹת הַבֹּשֶׂם
לִרְעוֹת בַּגַּנִּים וְלִלְקֹט שׁוֹשַׁנִּים:
אֲנִי לְדוֹדִי וְדוֹדִי לִי
הָרוֹעֶה בַּשׁוֹשַׁנִּים:

Das elfte Lied.

(Das Lied der Befreiung begann mit ישקני Er küsse mich! Die Braut ist Objekt der Liebeswaltung. Das Lied ihrer Irrung und letzten Erlösung hebt mit אני Ich an. Sie selbst ist in Schuld und Sühne die eigentliche Heldin.)

Wie die Thora (Deuter. 4, 25) mit dem verhängnisvollen Wort: ונושנתם „ihr werdet alt und schläfrig werden" den Beginn des Verfalls kennzeichnet, so leitet unser Lied mit אני ישנה die Tragödie ein. Denn aller Abstieg beginnt mit mangelnder Anspannung. Müde, schläfrig und erschlafft erlebt Sulamith den Augenblick der Erschütterung.

Der Gatte war fern. Er hat sie als die schwesterliche Freundin, die unschuldig taubenreine Genossin, zurückgelassen und kehrt überraschend zu nächtlicher Stunde wieder heim. Sein Pochen schreckt sie auf, sein Wort bittet so innig, gleichsam entschuldigend, daß er gezwungen nur in nasser Nacht sie aufschrecke. Sie aber vermag seiner Bitte nicht sogleich zu folgen; er darf sie so nicht sehn. Sie hat etwas zu verbergen, und das fällt ihr jäh wie eine Last auf die Seele. Sie hat das eheliche Gewand mit ihrem früheren vertauscht und sich verleugnet, sie war den Weg der Sünde gegangen und kann die Spur so schnell nicht abwaschen. Dennoch hat seine Bitte sie tief ergriffen, die Sinne gehn ihr über beim Klang seiner Stimme. Er streckt durch die schmale Oeffnung des Fensters bittend ihr die Hand entgegen, da vermag sie sich nicht mehr zu halten. Sie rafft sich auf, um ihm zu öffnen, schnell übergießt sie die Hand mit Myrrhe und mit der noch nassen Hand schiebt sie den Riegel zurück.

Sie öffnet die Tür, aber zu spät — der Geliebte ist verschwunden, alles Suchen, alles Rufen hilft ihr nicht mehr. Nun muß sie den Leidensweg antreten, ihn in der Stadt zu suchen, sich in Verdacht bringen vor den Wächtern, als wenn sie verbotene Zwecke verfolge, muß es sich gefallen lassen, daß diese grob auf sie dreinschlagen und ihr, der verkappten Buhlerin, den frech zur Schau getragenen ehelichen Schleier und Schmuck vom Kopfe reißen. Geschmäht, gelästert, entehrt, verwundet und blutend irrt sie so umher. Je länger sie sucht, je größer das Leid, das man ihr antut, desto mehr wächst Liebe und Sehnsucht, Reue und Verlangen in ihrem Herzen.

Der Sänger läßt uns den Leidensgang der Unglücklichen, die in diesen Qualen aber sich selbst wiederfindet, miterleben im Spiegel und im Echo des Chors der Töchter Jerusalems. Die heldenmütige Standhaftigkeit der edlen Dulderin hat ihre Aufmerksamkeit erregt. Sulamith spricht sie an. Weil alle ihre Gedanken um den gesuchten Gatten kreisen, spricht sie in ihrer Erregung so, als wüßten jene, was sie sucht, als kennten sie ihren Freund und würden ihm vielleicht von ihren Nöten erzählen. Da beschwört sie die Schar: wenn ihr den Geliebten trefft, sagt ihm nur: ich sei krank vor Liebe, nicht, daß ich wund am Fuße, verweint am Auge, blutig am Leibe bin, nur daß ich von Liebesleid erfüllt bin.

Solch unbegrenzte opferfähige Liebe ist den Andern ein Fremdes. Sie bekennen ihr, daß sie die schönste der Frauen ist; wie in ihrer vorbräutlichen Zeit hat Sulamith sich auch jetzt im Leide diesen Ehrennamen verdient. Aber jener Freund, um den sie also selbstvergessen leiden und ertragen kann, daß die Sehnsucht stärker ist als alle Erdenqualen, jener Freund muß doch ein Einzigartiger, Besondrer sein, und so fragen sie nach ihm und lösen ihre Zunge, daß sie ihrem übervollen Herzen Luft machen kann. Der blühende Geliebte ist unter Myriaden erkennbar und ausgezeichnet, sein schwarzlockig Haupt ist eitel Gold, sein strahlend Auge wie ein leuchtender Edelstein in Fassung, seine Wangen prangend wie ein Würzbeet um die purpurnen Lippen; die Hände wie in Edelstein gefaßte goldne Räder, sein Leib wie Elfenbein, in Saphir ausgelegt, seine Schenkel Marmorsäulen auf silberner Basis, erhaben wie der Libanon seine Erscheinung, seine Gestalt ragend wie eine Zeder. Und sein Wort voll Süße, ach, überhaupt alles an ihm voll Wonne! Das ist, so schließt sie stolz, m e i n Geliebter, das m e i n Freund, ihr Töchter von Jerusalem.

Was wunder, daß solche Schilderung die Neugierde, das Staunen der Frauen erregt! Sie wollen mit Sulamith suchen gehen, sie soll nur sagen, wohin, in welcher Richtung er gegangen. Sie aber, darob erschreckt, als hätte sie ihr Geheimnis schon zu weit preisgegeben, wird karg an Worten: ich weiß wo er ist, er ist in seiner duftigen Welt, in seinen Gewürzgärten, wo er weidet und Rosen pflückt, wo er auch mich, die Rose der Tieftäler, zu finden wissen wird.

Und ihre eigene Vertrautheit und Zugehörigkeit zum Freunde an der Fremdheit der Andren messend, fügt sie abwehrend und beteuernd zugleich ihre feste Zuversicht hinzu: ich gehöre allein meinem Freunde, wie er mir allein, ich bin sein und er ist mein, der Hirt im Rosenhag.

Ganz klar aber ergibt sich, daß der Chor der Töchter Jerusalems jetzt eine etwas veränderte Stellung zur Heldin hat, als im ersten Teil. Sie trifft ihn erst, als sie auf der Irrfahrt in der Fremde durch ihr Leid die Teilnahme erweckt. Es wurde in der Einleitung bereits bemerkt, daß hier unter den „Töchtern Jerusalems" die Edlen unter den Völkern gemeint sind, die durch das Martyrium Israels gerührt die Einzigartigkeit seiner Gottesliebe zu ahnen beginnen.

Das zwölfte Lied.

VI. 4—VII. 13.

Neue Botschaft als Lohn der Liebe.

„Schön bist, Freundin Du, wie Thirza,
Lieblich wie Jerusalem,
Dräuend so wie Heeresbann.
Wende Deine Augen von mir,
Ach, sie haben mich erschreckt.
Schwarz ist noch wie ehemals
Dir das Haar, wie Ziegenheerde
Treibend an dem Hang von Gilead;
Deine Zähne weiß wie Schafe,
Die der Schwemme grad' entstiegen,
Zwillingsgleich gereihet alle,
Keines davon krank.
Wie die Scheibe des Granates
Fein gerundet, lugt die Wange
Dir hervor aus Deinem Schleier.
Sechzig sind sie der Königinnen,
Achtzig ihre Nebenfrauen,
Und der Mädchen sind unzähl'ge.
Einzig aber sie allein,
Meine Taube, meine Reine,
Einzig ist sie ihrer Mutter,
Strahlend der, die sie gebar.
Seh'n sie die Mädchen,
Preist man sie glücklich,
Königinnen und Frauen des Hofs,
Ihrer sind sie des Lobes voll.
„Wer mag sie sein,
Die wie Morgenrot aufstrahlt,
Schön wie der Mond,

XII. רָאוּהָ בָנוֹת וַיְאַשְּׁרוּהָ

יָפָה אַתְּ רַעְיָתִי כְּתִרְצָה
נָאוָה כִּירוּשָׁלָיִם
אֲיֻמָּה כַּנִּדְגָּלוֹת:
הָסֵבִּי עֵינַיִךְ מִנֶּגְדִּי שֶׁהֵם הִרְהִיבֻנִי
שַׂעְרֵךְ כְּעֵדֶר הָעִזִּים
שֶׁגָּלְשׁוּ מִן־הַגִּלְעָד:
שִׁנַּיִךְ כְּעֵדֶר הָרְחֵלִים
שֶׁעָלוּ מִן־הָרַחְצָה
שֶׁכֻּלָּם מַתְאִימוֹת וְשַׁכֻּלָה אֵין בָּהֶם:
כְּפֶלַח הָרִמּוֹן רַקָּתֵךְ מִבַּעַד לְצַמָּתֵךְ:
שִׁשִּׁים הֵמָּה מְלָכוֹת
וּשְׁמֹנִים פִּילַגְשִׁים
וַעֲלָמוֹת אֵין מִסְפָּר:
אַחַת הִיא יוֹנָתִי תַמָּתִי
אַחַת הִיא לְאִמָּהּ
בָּרָה הִיא לְיוֹלַדְתָּהּ
רָאוּהָ בָנוֹת וַיְאַשְּׁרוּהָ
מְלָכוֹת וּפִילַגְשִׁים וַיְהַלְלוּהָ:
מִי־זֹאת הַנִּשְׁקָפָה כְּמוֹ־שָׁחַר
יָפָה כַלְּבָנָה

Hell wie die Sonne,
Dräuend wie Heeresbann.?" . . . . .
In den Nußgarten steig ich hernieder,
Will nach den Trieben am Bache schaun,
Schaun, ob schon erblüht der Weinstock,
Ob schon sprießen die Granaten.
Nicht weiß ich, wie's kommt, die Seele
Macht zu Vorspann mich und Wagen
Dieses adligen Geschlechts."

בָּרָה כַּחַמָּה
אֲיֻמָּה כַּנִּדְגָּלוֹת:
אֶל־גִּנַּת אֱגוֹז יָרַדְתִּי
לִרְאוֹת בְּאִבֵּי הַנָּחַל
לִרְאוֹת הֲפָרְחָה הַגֶּפֶן
הֵנֵצוּ הָרִמֹּנִים:
לֹא יָדַעְתִּי
נַפְשִׁי שָׂמַתְנִי מַרְכְּבוֹת עַמִּי נָדִיב:

Das zwölfte Lied.

Der elfte Gesang stellte sich in genauer Entsprechung dem ersten zur Seite, beide bilden den leidvollen Auftakt zum Drama der Vereinigung; in beiden ist Sulamith in der Schule des Leids, voll Sehnsucht nach dem Geliebten, dort als Braut, hier als Eheweib; hier wie dort hat das herbe Schicksal sie zur schönsten unter den Frauen emporgeläutert; hier wie dort bringt sie der Chor der Töchter von Jerusalem, die Berührung mit Anderen zur Selbstbesinnung und Wiedergewinnung des inneren Haltes.

Der zwölfte Gesang entspricht nun dem zweiten. Eine Botschaft, ein Gruß des fernen Freundes, gewissermaßen als Dank und Anerkennung ihrer Treue. Dieser Gruß nimmt ganz aus dem palästinensischen Lande seine Farben, was ihr, der in den Städten der Fremde irrenden, besonders wohl tun wird. Schön sei sie und lieblich wie Jerusalem und Tirzah, die Königsstädte, gleichsam ein durch die Menschheit irrendes Jerusalem, Frieden und Wohlgefallen verbreitend, und dabei doch so stark und seelisch-gewaltig, unbesiegbar wie Heeresscharen. Ihr Blick, der den fernen Gatten erreicht, ist für ihn unerträglich, er ist voll von stummem Weh, von unterdrückten Tränen, von schmerzlichem Verlangen; diese Augen, die stillen beredten Künder der Seele, dringen so tief ihm ins Herz, zeugen sie doch von unsäglicher Liebe und Treue, von erprobter Charakterfestigkeit, daß man ihnen nicht widerstehen kann. Trotz des Leides ist aber ihre bräutliche Jugendschöne ihr geblieben, ihr Haar so schwarz, ihre Zähne so weiß, ihre Wange so rot aus dem Kopfbund hervorlugend wie ehedem. Alle Widrigkeit und Stürme haben ihr nichts anzuhaben vermocht. Darum hat sie sich als einzigartig, unvergleichlich erwiesen, wie ihr Gatte einzig ist. Die edelsten Frauen, die Königinnen und Fürstinnen in den Palästen der Könige, die Frauen und Mädchen des Hofes, die zahllosen, müssen ihre Ueberlegenheit, ja Einzigkeit zugestehen, sie glücklich preisen und zum Vorbild aller hinstellen. Hoch steht sie über allen, vereint in sich die Lieblichkeit des sanften Mondlichts und die strahlende Pracht der Sonne mit der starken Seele, der unbesiegbaren Macht der Tugend.

Des Freundes Gruß läßt sie wissen, daß er eifrig nach der Stunde der Wiedervereinigung ausschaut, nach Lenz und neuem Erwachen der Natur, wo auch ihr beider Glück neu reifen wird. Es drängt und stürmt in ihm, er wisse selbst nicht wie, jene Stunde zu beschleunigen, der edlen Freundin und Genossin Vorspanndienste zu tun.

Das dreizehnte Lied.

VII. 1—6.

Lockung.

„Wende, wende Dich, Sulamith,
Wende, wende Dich doch her,
Daß wir Dich betrachten können."
„Wie, wollt Sulamith ihr betrachten,
Wie beim Frauenwerbetanz, dem zwiegereihten?"
„Wie schön sind Deine Schritte in den Wanderschuh'n,
Du edelbürtig Weib!
Deiner Hüften Wölbung wie Geschmeide,
Aus eines Künstlers Hand.
Des Nabels Gurt erglänzend gleich der Schale,
Drin kann der Trunk nicht fehlen.
Dein Leib gleich einem Weizenhaufen,
Umhegt von Rosenkranz,
Deine Brüste zweihen Rehen gleich,
Ein Hindinnenzwillingspaar,
Dein Hals ein Turm von Elfenbein,
Deine Augen, klar wie Seen in Hesbon,
Am Tore der volkreichen Stadt.
Ein Turm Dein Antlitz, der vom Libanon
Hin gen Damaskus schaut.
Dein Haupt auf Dir dem Karmel gleich
Und deines Hauptes Haargehänge wie ein Purpur,
Ein Königsdiadem gebunden ins Gelocke.

שׁוּבִי שׁוּבִי .XIII

שׁוּבִי שׁוּבִי הַשּׁוּלַמִּית

שׁוּבִי שׁוּבִי וְנֶחֱזֶה־בָּךְ

מַה־תֶּחֱזוּ בַּשּׁוּלַמִּית

כִּמְחֹלַת הַמַּחֲנָיִם:

מַה־יָּפוּ פְעָמַיִךְ בַּנְּעָלִים בַּת־נָדִיב

חַמּוּקֵי יְרֵכַיִךְ כְּמוֹ חֲלָאִים

מַעֲשֵׂה יְדֵי אָמָּן:

שָׁרְרֵךְ אַגַּן הַסַּהַר

אַל־יֶחְסַר הַמָּזֶג

בִּטְנֵךְ עֲרֵמַת חִטִּים

סוּגָה בַּשּׁוֹשַׁנִּים:

שְׁנֵי שָׁדַיִךְ כִּשְׁנֵי עֳפָרִים תָּאֳמֵי צְבִיָּה:

צַוָּארֵךְ כְּמִגְדַּל הַשֵּׁן

עֵינַיִךְ בְּרֵכוֹת בְּחֶשְׁבּוֹן

עַל שַׁעַר בַּת־רַבִּים

אַפֵּךְ כְּמִגְדַּל הַלְּבָנוֹן

צוֹפֶה פְּנֵי דַמָּשֶׂק:

רֹאשֵׁךְ עָלַיִךְ כַּכַּרְמֶל

וְדַלַּת רֹאשֵׁךְ כָּאַרְגָּמָן

מֶלֶךְ אָסוּר בָּרְהָטִים:

Das dreizehnte Lied.

Wandernd und irrend war unsre Heldin durch Stadt und Land gezogen. Ihre Größe war nicht unbemerkt geblieben. So wandelt sich das Verhältnis der Fremden zu ihr. Nicht mehr Hohn und Spott, nicht Gewalt und Roheit, sondern Bewunderung und Zuneigung wird ihr zuteil. Das drückt sich darin aus, daß sie jetzt erst S u l a m i t h genannt wird, nicht mehr namenlos, unverstanden und ungekannt. Aber damit tritt auch Versuchung an sie heran: wende Dich uns zu, bittet man sie hie und dort, wir meinen es gut mit Dir, wir wollen Dich schauen, kennen und lieben lernen. Sie aber weist solche Werbung ab: was wollt ihr an Sulamith schaun? Kann ich vor euch im Reigendoppellager, im Frauenwerbetanz erscheinen, wie die jungen Mädchen in den Weinbergen an festlichen Tagen, wo der Jüngling sich froh die bewegte Schar anblickt und die schönste sich erwählt? (Taanith Ende.) Kann ich, die ich dem fernen Gatten eigen bin, euch zur Augenweide sein? [1]

So zieht Sulamith des Weges weiter, der freundlichen Lockung widerstehend. Bewundernd schaut man ihr nach: wie schön ist sie selbst in den Wanderschuhen, im Elend einer unsteten Rastlosigkeit und Heimatlosigkeit, die allen so leicht zur Fallgrube und zum Verderben wird. Das zeigt den echten Adel ihres Seins und ihrer Abkunft. Wie edel ist ihre Haltung trotz der aufreibenden Wanderschaft! Ihre Hüften gerundet wie Geschmeide aus Künstlerhand, darüber der sich vom Nabel nach unten verjüngende Leib wie ein Kelchglas auf seinem Fußgestell, im Schmuck des mit Möndchen gezierten Gürtels glänzend wie im Glas der Wein funkelt (nach Ibn Esra). Der ganze Leib so frisch und lebensvoll und ebenmäßig, und doch so züchtig und eingezäunt, wie ein Weizenhaufen von Rosen umwunden. Ihr Hals hat sich nicht gebeugt, er ist stolz aufgerichtet wie ein Elfenbeinturm, ihre Augen leuchtend wie die kostbaren Wasserwerke Salomos zu Hesbon, ihr Antlitz wie der Libanonturm, der nach Damaskus schaut. Wie dieser von der Höhe nach der letzten Stadt des heiligen Landes blickt, so ist ihr Blick dauernd nach dem Lande ihrer Sehnsucht gerichtet. So sehen sie Sulamith weiterwandern, ihr Haupt voll königlicher Würde,[2] ihre vom Kopf herniederfallende Haarhülle einem Purpur gleich und darüber ein Diadem, einen Stirnschmuck, ihre Verbundenheit mit einem Höheren weithin sichtbar machend.[3]

[1] Vergl. Baba Bathra 15a, wo Rabbi Jochanan deutet: „wende Dich Sulamith, daß wir an Deiner Schönheit unsre Sinne weiden"; (denn: חזה ist ein Ausdruck der Unkeuschheit, des lüsternen Betrachtens von Frauen, indem die Völker sprechen zu Israel, wende Dich unsrem Glauben zu, dann kannst Du mit uns buhlen." Raschi z. St.)

[2] כרמל ist entweder der Bergname, um das Ragende auszudrücken, oder eine Farbe entsprechend dem ארגמן vergl. 2 Chron. II, 6, 13 und III, 4.

[3] Die Worte אסור מלך אסור wie עזר מלך אסור spielen auf ein Diadem an. So trug man, wie die alten Plastiken es zeigen, in Ägypten ein Stirnband, als Abzeichen königlicher Würde. (Vergl. Levit 23,17 שתי הלחם statt שתי חלות הלחם ferner שתי חלות הלחם statt את שבעי חברכה und ונתת את חברכה Deut. 11,29.) Daß hier eine Anspielung auf den Kopfschmuck der Tefillin vorliegt, drängt sich sogleich ins Bewußtsein. Von hier aus begreift man besonders tief die Worte Rabbi Eliesers: וראו כל עמי הארץ כי שם ה' נקרא עליך וגו' אלו תפלין שראש

Es verdient wohl der Beachtung, daß dieses Lob der Sulamith a u s f r e m -
d e m M u n d e erklingt. In diesem mächtigen Eindruck auf die Außenwelt steht
ihre zweite Leidensperiode höher als die erste, wo zwar der Chor sie die
schönste unter den Frauen nennt, aber dennoch ihre Treue und Größe nicht
zum besonderen Gegenstand der Verherrlichung im Liede wird und die Zeugen
ihrer Entwicklung nicht solch liebevolle Kenntnis der Einzelheiten ihres Wesens
verraten wie hier in diesem Gesange.

Hervorgehoben seien auch die feinen Unterschiede in der Schilderung hier
und derjenigen, die im Gesange der Ehegatte gibt. Jener spricht nur von den
geistigen, oberen Organen, von den Augen bis zum Busen abwärts; hier steigt
die Schilderung von dem wandernden Fuß über alle niederen Körperteile bis
zur schleierumwallten Stirn auf. Jener kennt von vornherein ihr Edelstes, dem
gegenüber die schlichte Leiblichkeit bedeutungslos ist, diese erkennen erst all-
mählich die höhere Natur einer Sulamith; in der Ueberlegenheit grade dessen,
worin sie des Weibes Letztes erblickt hatten, dämmert ihnen der Adel der ihnen
fremden Pilgerin auf, bis ihr Auge sich schärft, auch die wahren geistigen Züge,
das ewig Weibliche der Sulamith zu erkennen und zu würdigen.

An Einzelheiten erwähnen wir: nur dem Gatten sind die Augen Taubenaugen, voll Liebe und Innigkeit, den Fremden sind sie leuchtend, ernst, tief
wie Seen, wie die Wasserbecken in Sichons Stadt. Nur der Gatte schildert das
Haar, das schwarze, langsträhnige, der dunklen Herde gleich am Gileadsab-
hange; die Fremden sehen nur das hohe Haupt, das umhangen ist wie von einem
Purpur, gefürstet durch ein Diadem. Auch will uns dünken, daß ihre Schilderung des Leibes nur die Gestalt allein, den äußeren Bau malt; daher אל יחסר
המזג nicht לא יחסר המזג es „kann darin das Naß nicht fehlen," deshalb fehlt
bei צביה תאמי עפרים כשני שדיך שני der Zusatz בשושנים הרעים. Die Zähne und Lippen
werden nicht besungen, sie ist ihnen nicht nahe gekommen, daß sie darüber
sprechen könnten.

Das vierzehnte Lied.

VII. 7—Ende.

Beider Sehnsucht.

„Wie bist Du schön, wie bist Du hold
Du Liebe, voll süßer Lust!
Sieh da, Dein Wuchs der Palme gleich,
Dein Busen gleich den Reben.
Ich denk': Wie könnt' die Palme ich ersteigen,
Die Zweige fassen,
Da wäre Dein Busen doch
Wie Reben des Weinstocks,
Dein Odem süß wie des Apfels Duft.
Und Dein Mund wie guter Wein,—"
„Der meinem Freund
So glatt hinunterfließt,
Drob noch im Schlaf die Lippen schmunzeln.
Ja, ich bin des Liebsten mein,
Zu mir nur geht sein Sehnen.
Geliebter, komm' ins Feld hinaus,
Wir nächt'gen in Dörfern!
Und zur Morgenstunde geht's
Zum Weinland hinaus,
Vielleicht, daß schon die Rebe blüht,
Die Knospe sproßt,
Und die Granaten treiben,
Dort will meine Liebe
Ganz ich Dir weihn.
Und wenn die Liebesblumen blühn,
An unsren Türen alle Pracht gedeiht,
Schenk' ich Dir neue Liebe zu der alten,
Die ich, Geliebter, treulich Dir bewahrt!

חֲדָשִׁים גַּם יְשָׁנִים .XIV

מַה־יָּפִית וּמַה־נָּעַמְתְּ
אַהֲבָה בַּתַּעֲנוּגִים:
זֹאת קוֹמָתֵךְ דָּמְתָה לְתָמָר
וְשָׁדַיִךְ לְאַשְׁכֹּלוֹת:
אָמַרְתִּי אֶעֱלֶה בְתָמָר
אֹחֲזָה בְּסַנְסִנָּיו
וְיִהְיוּ־נָא שָׁדַיִךְ כְּאֶשְׁכְּלוֹת הַגֶּפֶן
וְרֵיחַ אַפֵּךְ כַּתַּפּוּחִים:
וְחִכֵּךְ כְּיֵין הַטּוֹב
הוֹלֵךְ לְדוֹדִי לְמֵישָׁרִים
דּוֹבֵב שִׂפְתֵי יְשֵׁנִים:
אֲנִי לְדוֹדִי וְעָלַי תְּשׁוּקָתוֹ:
לְכָה דוֹדִי נֵצֵא הַשָּׂדֶה
נָלִינָה בַּכְּפָרִים:
נַשְׁכִּימָה לַכְּרָמִים
נִרְאֶה אִם־פָּרְחָה הַגֶּפֶן
פִּתַּח הַסְּמָדַר
הֵנֵצוּ הָרִמּוֹנִים
שָׁם אֶתֵּן אֶת־דֹּדַי לָךְ:
הַדּוּדָאִים נָתְנוּ־רֵיחַ
וְעַל־פְּתָחֵינוּ כָּל־מְגָדִים
חֲדָשִׁים גַּם־יְשָׁנִים דּוֹדִי צָפַנְתִּי לָךְ:

Das vierzehnte Lied.

(Man kann darüber im Zweifel sein, ob man mit Raschi in den beiden ersten Sätzen dieses Gesanges den Schluß des elften oder den Beginn des zwölften Liedes sehen soll; ob in ihnen die fremde Welt oder der Gatte spricht. Das bedeutet eben die beginnende Peripetie, den Umschwung im Schicksal Sulamiths, daß in ihrem Lobe alles übereinstimmt.)

In Zwiesprache der Seelen geben die liebenden Gatten ihre Sehnsucht einander kund. Entzückt ruft er aus: wie schön und hold Du bist, אהבה statt אשת אהבה *, Du verkörperte Liebe, Du Ausbund und Inbegriff aller Lust und Wonne, aller Seligkeit und allen Glückes. Jetzt erst, da Du stolz alle Liebeswerbung der Fremde von Dir gewiesen hast, jetzt ist Deine Schuld ganz gesühnt. Dein hoher Wuchs gleicht der Palme, die ihren Stamm ohne Gezweig hoch in die Lüfte reckt und daher unersteigbar ist; so unnahbar und unerreichbar stehst Du da, obwohl Du wie ein fruchttragender Weinstock, Rausch und Glück spendend — wie Ps. 128, 3: אשתך כגפן פוריה — zum Pflücken Deiner saftigen Trauben lädst. Jetzt ist es Zeit, daß ich wieder daran denke, unser altes Bündnis wiederherzustellen, da ich allein die hohe Palme ersteigen, sein Geäst ergreifen kann; und ich bitte Dich, ויהיו נא schenke mir wieder das Köstliche Deiner Weiblichkeit, den Duft Deines Wesens, der den Liebesäpfeln gleicht. Laß Dein Wort wieder berauschend mir erklingen, laß mich es einsaugen, wie köstlichen Wein!

Da fällt sie in die Rede ein: „ja, alles ist Dein, der Wein, der nur Dir, meinem Freunde, so mundet, so ganz eingeht, daß Deine Lippen noch im Schlafe den Geschmack verspürend sich regen. Aber an dieser Gewißheit ist mir genug. Daß ich Dein bin, und Du nach mir voll Sehnsucht bangst."

Das ist für das Weib das Höchste. Dem im Gan Eden sündigen Menschenpaar ward es als Fluch gesagt: des Weibes Sehnen geht nach dem Manne. Dieser Fluch ist gelöst. So hoch steht das Weib, daß des Gatten, des hochstehenden, Sehnen zu ihr geht.

„Aber hier in der Fremde, fährt sie fort, wo ich noch weile, kann ich Dir meine Liebe nicht weihen. Komm Geliebter, fort aus dem Kreise der Menschen. In der Einsamkeit der Natur, dort nur können wir uns finden. Fern von den Städten der Menschen wollen wir die Lenzesstunde der Blüte abwarten, dort nur kann ich ganz mich Dir erschließen. Wenn dann die Liebesblumen blühn,

---

* So heißt es Mischle 9,1 חכמות „Frau Weisheit" statt אשת חכמות wie der Gegensatz zu Vers 13 אשת כסילות „Frau Torheit" zeigt. So heißt es Daniel 10,11: איש חמודות ·דניאל dagegen 9,23 אתה חמורות כי לך להגיד באתי ואני·

und an unsren Türen alles in voller Pracht der Reife steht, da schenke ich Dir meine Liebe, die neue zusamt der alten, die ich in treuem Busen Dir bewahrt.

Alle Schicksalserfahrung, alle die Erlebnisse, die über sie hinweggegangen, haben ihre alten Gefühle nur vertieft und zur Reife gebracht; die einstige bräutliche Hingebung אהבת כלולים vermählt sich mit der ernsten, geläuterten Empfindung des Weibes, und alles wird ihm, dem Freunde, als Mitgift in die neue Vereinigung miteingebracht.

Das fünfzehnte Lied.

VIII. 1—4.

Letzte Hemmung.

Ach, wärest Du ein Bruder mir,
Hättst mit mir einer Mutter Milch gesaugt,
Und träf ich draußen Dich,
Ich dürft' Dich herzen,
Und keiner würde meiner spotten.
Dann führt' ich Dich an meiner Hand,
Brächt' Dich in meiner Mutter Haus,
Wo Du mich lehrest,
Gäb Dir den Trunk von süßem Würzewein,
Vom Saft aus der Granate.
Dann müßte seine Linke meines Hauptes Kissen sein,
Und seine Rechte mich umarmen . . .
Ich bitt' Euch, Töchter von Jerusalem,
Was wecket, was erregt die Liebe Ihr,
Eh' sie von selber will?"

XV. מַה תְּעוֹרְרוּ אֶת הָאַהֲבָה

מִי יִתֶּנְךָ כְּאָח לִי יוֹנֵק שְׁדֵי אִמִּי
אֶמְצָאֲךָ בַחוּץ אֶשָּׁקְךָ
גַּם לֹא־יָבֻזוּ לִי:
אֶנְהָגְךָ אֲבִיאֲךָ אֶל־בֵּית אִמִּי
תְּלַמְּדֵנִי
אַשְׁקְךָ מִיַּיִן הָרֶקַח מֵעֲסִיס רִמֹּנִי:
שְׂמֹאלוֹ תַּחַת רֹאשִׁי
וִימִינוֹ תְּחַבְּקֵנִי:
הִשְׁבַּעְתִּי אֶתְכֶם בְּנוֹת יְרוּשָׁלָם
מַה־תָּעִירוּ וּמַה־תְּעוֹרְרוּ אֶת הָאַהֲבָה
עַד שֶׁתֶּחְפָּץ:

Das fünfzehnte Lied.

Die innere Schicksalsstunde, der hohe Augenblick des seelischen Sich-wiederfindens, also des eigentlichen Sichfindens, — denn solange man sich noch verlieren kann, hat man sich noch garnicht gefunden — dieser Augenblick war bereits erreicht. Aber die wahre Vereinigung kann hier in der Fremde nicht stattfinden. Wir erfahren in diesem Liede, daß das eine Unmöglichkeit sei. Der Geliebte kann sich ihr in ihrer gegenwärtigen Welt nicht gesellen, man würde sie verlachen.

Es muß also der Freund ganz besondrer Art sein. Nur Sulamith kennt und versteht ihn. Aber auch sie steht ihm gegenüber in ehrfürchtiger Scheu. „Ach, daß du mein Bruder wärst, von gleicher Mutter Brust gesäugt," so entringt es sich ihren Lippen. Er hatte sie zwar schwesterliche Braut genannt, sie aber kann ihn nicht Bruder nennen. Ein Abstand liegt zwischen ihm und ihr; aber den Andren da draußen ist sein Wesen verschlossen, ein Geheimnis, und ihre Liebe zu ihm wird wie alles Unverstandene verlacht und verspottet. Ach, wärest Du wie ich, daß wenn ich Dich träfe, בחוץ, und da „draußen" im Kreise der Menschen Dich herzte und liebte, meine Zuneigung Dir bewiese, ich gleichwohl nicht der Mißachtung anheimfiele! Dann könnte hier der Bund erneuert werden, ich würde Dich dann in der Mutter Haus wieder geleiten, wo ich Deiner Rede wieder lauschte und Dir den süßen Trank der Liebe weihte. Und alles würde sein wie vordem. Wieder würde des Freundes Linke das Pfühl unter meinem Haupte sein, seine Rechte aber mich umarmend bergen und schützen. Aber es kann nicht sein.

Der Geliebte ist fern und muß fern bleiben. Daß sie wieder von dem abwesenden Freunde spricht, das zeigt die dritte Person. שמאלו תחת ראשי וגׄ Sie harrt seiner in Geduld, in innerer Gewißheit und Fassung. Und wenn die Töchter Jerusalems, ungeduldiger als sie, von der hohen Stunde sprechen wollen, so wehrt sie ihnen ab; stiller als früher: was erweckt ihr die Liebe vorzeitig? Sie kommt erst, wenn ihre Stunde geschlagen hat.

Indem aber der Sänger dieselben Motive erklingen läßt, wie vor der ersten Hochzeitsfreude, wenn auch leiser und abgemildert, so erkennen wir: Sulamith ist bereit wie damals. Wir selbst fühlen uns von der stillen Flamme mitergriffen, die in ihrer Seele brennt und einst zu lohender Glut sich entfachen wird.

Das sechzehnte Lied.

VIII. 5—8.

Die Liebenden unauflöslich vereint.

Was ist's, was aus der Wüste dort
Heraufgezogen kommt?
„Unter dem Liebesapfelbaum
Da hab' ich Dich erweckt,
Hab' Wehen ich um Dich gelitten
Wie Deine Mutter,
Hab Wehen ich gelitten,
Als kreißet' ich um Dich.
So leg' wie einen Siegelring
Ganz fest mich an Dein Herz,
Wie einen Siegelring
Fest mich um Deinen Arm!
Denn stark ist wie der Tod die Liebe,
Gleich Höllenqual so schrecklich Liebesnot.
Des Feuers Glut sind ihre Gluten,
Die Flamme Gottes!
Die Wasser alle können nicht
Die Liebe löschen,
Und Ströme werden nimmmer weg sie schwemmen.
Und wollte einer geben
All seines Hauses Gut
Als Preis für Liebe,
Verächtlich würd' man seiner lachen."

שִׁימֵנִי כַּחוֹתָם .XVI

מִי זֹאת עֹלָה מִן הַמִּדְבָּר
מִתְרַפֶּקֶת עַל־דּוֹדָהּ
תַּחַת הַתַּפּוּחַ עוֹרַרְתִּיךָ
שָׁמָּה חִבְּלַתְךָ אִמֶּךָ
שָׁמָּה חִבְּלָה יְלָדַתְךָ:
שִׂימֵנִי כַחוֹתָם עַל־לִבֶּךָ
כַּחוֹתָם עַל־זְרוֹעֶךָ
כִּי־עַזָּה כַמָּוֶת אַהֲבָה
קָשָׁה כִשְׁאוֹל קִנְאָה
רְשָׁפֶיהָ רִשְׁפֵּי אֵשׁ
שַׁלְהֶבֶתְיָה:
מַיִם רַבִּים לֹא יוּכְלוּ לְכַבּוֹת אֶת־הָאַהֲבָה
וּנְהָרוֹת לֹא יִשְׁטְפוּהָ
אִם־יִתֵּן אִישׁ אֶת־כָּל־הוֹן בֵּיתוֹ בָּאַהֲבָה
בּוֹז יָבוּזוּ לוֹ:

Das sechzehnte Lied.

Hört ihr sie, die alte Hochzeitsmelodie? מִי זֹאת עֹלָה מִן הַמִּדְבָּר was zieht dort herauf aus der Wüste? Seht ihr sie, die unsagbar Glückliche, angeschmiegt an ihren Freund? Endlich, endlich ist die Zeit der Wanderung, der Wüste vorüber; dorthin, dorthin שָׁמָּה ins Heimatland, ins Haus der Mutter, in die blühende Welt der Weinberge und der Lenzespracht zieht sie, geeint mit dem Freunde. Es bedarf keines Wortes mehr, daß beide ihre Liebe sich bezeugen; vor allem aus s e i n e m Munde, der bei der ersten Hochzeitsfreude überquoll, wird kein Wort mehr gehört. Nur sie gedenkt der Tränenbahn, die sie gewandelt, um ihn zu finden. Wehen wie eine Mutter hat sie gelitten, in Kreißen und Bangen diese Stunde herbeigeführt. Alles hat sie gelitten aus Liebe, תַּחַת הַתַּפּוּחַ „unter dem Baume der Liebe". Jetzt hat sie das Lob wirklich verdient, was am ersten Hochzeitstage ihr zugesungen war: daß sie ihrem Salomo, ihrem Könige, wie eine Mutter die Krone aufs Haupt gedrückt. Ihre weltbesiegende heldische Liebe hat diese Glücksstunde geschaffen.

Dieses Glück aber muß ein ewiges sein. Eine neue Trennung wäre Tod. Wie flehend, besorgt und zitternd kommt es aus ihrer Seele: jetzt verbinde mich Dir auf ewig. „Leg' mich wie ein Siegel auf Deinen Arm, wie ein Siegel auf Dein Herz," daß ich bei all Deinem Denken und Handeln Dir gegenwärtig bin.* Denn die Liebe, die sie fühlt, ist stark wie Tod, die Qual der Sehnsucht schrecklich wie die Hölle, mit heißer Glut brennt es in ihr, und diese Glut ist keine irdische, vergängliche, sie ist heilig, göttlich, ewig. Alle Stürme des Schicksals werden sie nie wieder erschüttern, die Wasserfluten, wie sie auf ihrer Wanderung sie tausendfach umspült, die reißenden Ströme, wie ihr Fuß sie durchwandert, vermögen nichts über diese Flammen der Seele. Alle Erdenwerte sind ein Nichts, sind weniger als Nichts gegen die Macht dieser Liebe.

Dieses Liebesbekenntnis ist der gewaltige Schlußakkord des Liedes, es ist das höchste Lied im hohen Buch der Liebe. Es ist der letzte Abschluß in dem großen Drama der Sehnsucht, das sich in seinen einzelnen Phasen vor unsren Augen abgespielt hat.

---

* Eine ähnliche Wendung bei Chaggai am Ende: „an jenem Tage, spricht der Weltengott, werde ich Dich, Serubabel nehmen, und Dich wie meinen Siegelring machen, denn ich habe Dich auserwählt."

EPILOG
DES HOHENLIEDES.

Das siebzehnte Lied.

VIII. 8—12.

Einst und jetzt.

Als unsre Schwester jung noch war,
Noch ohne Mutterkraft,
Da sorgten wir Brüder:
Was tun der Schwester wir
Am Tage, da auf sie die Rede kommt?
Ist sie wie Mauern stark,
Baun wir ihr einen Silberkranz,
Schwankt sie wie eine Tür,
Verschlagen wir sie mit Zedernbohlen.
„Ich bin eine Mauer,
Mein Busen eine Burg.
So ward in seinen Augen ich
Des Glückes Spenderin.

Ein Weinberg hatte Salomo zu Baal Hamon,
Den Weinberg gab er Wächtern,
Jeder sollt' an Früchten bringen
Für tausend Silberstücke.
Mein Weinberg, mein eigner,
Ist stets mir vor Augen,
Deine Tausend sind, Salomo, Dir gewiß,
Und spar' die zweihundert des Wächterlohns."

אָחוֹת קְטַנָּה .XVII

אָחוֹת לָנוּ קְטַנָּה

וְשָׁדַיִם אֵין לָהּ

מַה־נַּעֲשֶׂה לַאֲחוֹתֵנוּ

בַּיּוֹם שֶׁיְּדֻבַּר־בָּהּ:

אִם חוֹמָה הִיא

נִבְנֶה עָלֶיהָ טִירַת כָּסֶף

וְאִם־דֶּלֶת הִיא

נָצוּר עָלֶיהָ לוּחַ אָרֶז:

אֲנִי חוֹמָה וְשָׁדַי כַּמִּגְדָּלוֹת

אָז הָיִיתִי בְעֵינָיו כְּמוֹצְאֵת שָׁלוֹם:

כֶּרֶם הָיָה לִשְׁלֹמֹה בְּבַעַל הָמוֹן

נָתַן אֶת־הַכֶּרֶם לַנֹּטְרִים

אִישׁ יָבִא בְּפִרְיוֹ אֶלֶף כָּסֶף:

כַּרְמִי שֶׁלִּי לְפָנָי

הָאֶלֶף לְךָ שְׁלֹמֹה

וּמָאתַיִם לְנֹטְרִים אֶת־פִּרְיוֹ:

Das siebzehnte Lied.

Grade deshalb aber, weil die Vereinigung der Liebenden immer als erst kommend, als das jüngste der Geschehnisse uns gelten soll, kann uns der Dichter nicht mit dem großen Finale entlassen. Er führt uns in die Gegenwart zurück und läßt uns das „Inzwischen" in einem kurzen Rückblick auf das „Einst und Jetzt" noch einmal durchleben. Da erfahren wir dann noch manches, was das Gesamtbild unseres Dramas wertvoll ergänzt. Das ist ja Wesen und Eigentümlichkeit aller biblischen und nachbiblischen Schriften, durch neue Momente, die am Schluß erst mitgeteilt werden, zur nochmaligen Lektüre des Werkes einzuladen. Jedes Buch will als Ganzes begriffen werden; grade Schir Haschirim war deshalb so vielen Mißverständnissen und falschen Deutungen ausgesetzt, weil man es immer nur stückweise betrachtete, nicht als einheitliche Komposition, wo kein Teil entbehrlich, wo erst die zusammenfassende Betrachtung aller Einzelheiten der Schlüssel zum Verständnis des Ganzen ist.

Aber es ist wohl auch allgemein gültige Regel: jede Liebe hat ihre Geschichte, ihren Roman. Wie man den Weg des Adlers in der Luft, der Schlange auf dem Felsen, des Schiffes im Meer immer mit Staunen betrachtet, weil ihre Bewegungsart und die sie tragenden Kräfte andere sind als bei uns Menschen, ebenso und in noch höherem Grade ist der Weg des Mannes zu dem ihm bestimmten Weibe jedesmal ein ungewöhnlicher, von „Zufällen" und Seltsamkeiten, von Fügungen und Schicksalen begleitet, die eine höhere Hand verraten (Mischle 30, 18). Diese Geschichte sollen Mann und Weib nie vergessen, das „Einst und Jetzt" ihrer Ehe erhöht ihr Gefühl der Zusammengehörigkeit, ihr Bewußtsein, für einander bestimmt zu sein, und gewährleistet ihren Glauben an die Glückeszukunft ihrer Ehe.

So führt uns hier der Sänger in die Kindheitstage unsrer Heldin zurück, als sie noch klein war, noch als Braut und Gattin nicht in Frage kam. Aber schon damals war sie ausgezeichnet als „Schwester" im Familienkreise, durch die Liebe, die sie verbreitete. Bezeichnend heißt es nicht: eine kleine T o c h t e r haben wir, noch unentwickelt, was werden wir zu gegebener Stunde mit unsrer T o c h t e r machen? Denn eigentlich ist die Sorge für die Zukunft doch Sache des Vaters, der Eltern. Wie sie später als „schwesterliche Braut" sich Liebe erwirbt, dem, von dem sie wünscht: „מִי יִתֶּנְךָ כְּאָח לִי, ach, daß Du mein Bruder wärst!" so wird hier schon von ihr bekannt: „eine S c h w e s t e r haben wir, wenn sie auch noch klein ist, was werden wir für unsere Schwester einst zu tun haben?" Allen eine Schwester zu sein, das ist der höchste Ruhm des jugendlichen Mädchens.

Welche Sorgen und Wünsche hegt man für diese Schwester? In zwei zuerst seltsamen Bildern drücken die Brüder die Möglichkeiten aus, die sie zu gewärtigen haben: die Schwester könnte einer Mauer oder einer Türe gleichen. Das Bild verliert vielleicht etwas von seiner Fremdheit, wenn man sich in Erinnerung ruft, daß בית זו אשה, daß das Weib des Mannes Haus genannt (בית von בנה) wird, auch wohl des Mannes Schutz und Mauer; כל השרוי בלא אשה שרוי בלא חומה „wer unbeweibt ist, ist ohne Mauer". So fragt hier die Sorge: wird die Schwester auch ihres künftigen Gatten Schutz und Umhegung sein, oder wird sie Tor und Tür für fremde Einflüsse sein? Fest wie die Mauer, oder ein ständig Hin- und Her wie die Türe? Ist sie, wie es ihr Bestimmung ist, der Mauer gleich, so wollen wir freudig mit herrlichen Zinnenkranz sie bekrönen; ist sie unstet und locker wie die Tür, so verschlagen wir sie mit Zedernbohlen, wie es erzieherisch immer gilt: was fest und sicher gefügt im Charakter ist, bedarf nur des Schmuckes, der Verschönerung und Zierde; was fluktuiert, wallt und ebbt, kommt und geht, das bedarf der Einzäunung und Eingrenzung, des festen Haltes, der Disziplinierung durch Mittel, stark und unbeugsam wie die Zedernbohle.

Die Besorgnisse zerstreut Sulamith selbst durch das stolze Bekenntnis: ich bin mauerstark, gefeit gegen die Anfechtungen der Welt, und nicht nur solange ich „klein", קטנה, der Versuchung noch nicht vertraut bin, nein, selbst in vollster äußerer Entwicklung und Reife: ושדי כמגדלות Im Gegenteil, die Fülle weiblicher Kraft ist nur noch eine Stählung meiner inneren Selbständigkeit, ist wie der Turm der Mauer, der sie noch schwerer angreifbar macht. Damit wird sie in s e i n e n Augen, in den Augen dessen, dem sie angehören soll, die Finderin der Harmonien, des Glückes und des Friedens. אז Damals als ich so sprach und dachte, als ich zu solcher Charakterstärke den Mut und die Tapferkeit der Seele besaß, damals ward ich in seinen Augen, wie wenn ich den שלום und seinen Repräsentanten den שלמה — ein wunderbares Wortspiel mit Schalom und Schlomoh — „entdeckt", für mich gefunden hätte.

Wohl ist דרכו של איש לחזור אחרי אשה, wohl sucht und findet der Mann das Weib; aber indem sie in sich das Edelste und Höchste zur Entfaltung gebracht, indem reinste Frauentugend ihr des Wesen Prägung gegeben, ist es, als ob sie den Edlen, der um ihrer Hoheit willen sie erwählt, sich gefunden, als ob sie das tiefe Geheimnis höchster Menschenbestimmung und -Beglückung entdeckt habe. Es ist nichts anderes, als was Jirmijahu 31, 21 von dem Weibe der Zukunft sagt: נקבה תסובב גבר, sie umhegt, adelt und erhebt den Mann. Daß Glück Vollkommenheit und Vollkommenheit Glück ist, das hat Sulamith, die Vollkommene, entdeckt.

In den Tagen ihrer Not und Sklaverei, von denen der erste Sang gesprochen, da hatte sie der bitteren Klage Ausdruck gegeben: כרמי שלי לא נטרתי als Hüterin fremden Gutes konnte ich das Eigene nicht pflegen. Dem gegenüber kann sie jetzt sich rühmen: כרמי שלי לפני, mein Weinberg, der mir bestimmt ist, steht mir vor Augen zu steter treuer Hut. Aber nicht um Geldes und Lohnes willen. Das viele Weinland, das Salomo besitzt, das hat er Wächtern und Pächtern überlassen; teuer muß er es bezahlen, wenn er ernten will; jeder Wächter will für seine Frucht klingende Münze heimbringen und fordert noch Wächterlohn dazu. Was er Sulamith anvertraut, dessen Lese wird ihm ausgeschüttet ohne Entgelt; sie fordert keinen Preis und keinen Arbeitslohn. Das Bild will sagen: nicht aus Berechnung und Klugheit, nicht in Erkenntnis, daß Keuschheit und Reinheit Vorbedingung künftigen Glückes ist, hat Sulamith ihre Seele mauerstark werden lassen; nicht weil Vollkommenheit Glück bringt, war dieses Ziel ihrer Selbstarbeit. Weil Vollkommenheit ihres Wesens innerste Notwendigkeit ist, weil es die selbstverständliche Richtung ihrer Persönlichkeit לְפָנָיו ist, ist sie das geworden, was sie ist; das Glück war nur ein Fund, etwas, das unerwartet sie überkam.

Das achtzehnte Lied.

VIII.

Finale

Die Du in Gärten wohnst,
Die Freunde harren Deiner Stimme,
Laß mich sie hören!
Enteil mein Freund,
Dem Hirsche gleich und jungen Reh,
Zu Bergen der Gewürze!

בְּרַח דּוֹדִי .XVIII

הַיּוֹשֶׁבֶת בַּגַּנִּים
חֲבֵרִים מַקְשִׁיבִים לְקוֹלֵךְ
הַשְׁמִיעִנִי:
בְּרַח ו דּוֹדִי
וּדְמֵה־לְךָ לִצְבִי אוֹ לְעֹפֶר הָאַיָּלִים
עַל הָרֵי בְשָׂמִים:

Das achtzehnte Lied.

Wo Sulamith weilt, selbst in den Wüsteneien der Fremde, in den freudlosen Einöden der Pilgerschaft, weilt sie in „Gärten", sprießen ihr Blumen der Freude und des Glückes. Nirgends ist sie allein, selbst in den Tagen tiefsten Elends umgab sie der freundliche, mitfühlende Chor der Edlen, der Jerusalemskinder, die von ihrem Worte gebannt lauschen und mit feinem Ohr ihres Herzens Töne vernehmen. Dieser wandernd-ruhenden Sulamith היושבת בגנים leiht auch der ferne Freund sein Ohr, das Wort, das Entfernungen nicht kennt, dringt auch zu ihm.

Es drang und dringt zu ihm durch alle Stationen der Wanderung, und Sulamith weiß, daß es gehört wird. Sie weiß und fühlt auch, daß noch ihre Stunde nicht geschlagen hat, daß der Freund noch fortbleiben muß. Wie vor dem ersten Hochzeitstage spricht sie selbst zu ihm: Enteile, mein Freund, in die duftigen Höhen, da Du zu Hause bist, aber bleibe nach wie vor der schnelle Hirsch, das flinkste der Rehe, plötzlich, unerwartet wie damals, als Du mich Dir angelobtest, über Berge und Hügel zu hüpfen, mich zu rufen und zu erlösen für die Ewigkeit.

ANHANG.

I.

Goethes Urteil über das Hohelied.
(Noten und Abhandlungen zum Divan.)

„Wir verweilen sodann einen Augenblick bei dem Hohen Lied, als dem Zartesten und Unnachahmlichsten, was uns von Ausdruck leidenschaftlicher, anmutiger Liebe zugekommen. Wir beklagen freilich, daß uns die fragmentarisch durcheinander geworfenen, übereinander geschobenen Gedichte keinen vollen, reinen Genuß gewähren, und doch sind wir entzückt, uns in jene Zustände hinein zu ahnden, in welchen die Dichtenden gelebt. Durch und durch wehet eine milde Luft des lieblichsten Bezirks von Kanaan; ländliche trauliche Verhältnisse, Wein-, Garten- und Gewürzbau, etwas von städtischer Beschränkung, sodann aber ein königlicher Hof, mit seinen Herrlichkeiten im Hintergrunde. Das Hauptthema jedoch bleibt glühende Neigung jugendlicher Herzen, die sich suchen, finden, abstoßen, anziehen, unter mancherlei höchst einfachen Zuständen.

Mehrmals gedachten wir aus dieser lieblichen Verwirrung einiges herauszuheben, aneinander zu reihen; aber gerade das Rätselhaft-Unauflösliche gibt den wenigen Blättern Anmut und Eigentümlichkeit. Wie oft sind nicht wohldenkende, ordnungsliebende Geister angelockt worden, irgendeinen verständigen Zusammenhang zu finden oder hineinzulegen, und einem folgenden bleibt immer dieselbige Arbeit . . ."

II.

Moderne Versuche zur Deutung des Hohenliedes.

Fast bis in die Neuzeit hinein war die s y m b o l i s c h e Deutung des Hohen Liedes als einer Allegorie im jüdischen wie außerjüdischen Kreise selbstverständlich. Es sei nur ganz kurz bemerkt, daß auch dieses Faktum nicht außer Acht gelassen werden kann. Wenn von Generation zu Generation sich eine solche bildliche Auslegung als selbstverständlich und natürlich ergab, so muß eben der ganze Tenor des Liedes, sein gesamter Stil und Charakter so sehr ins Allgemeine, ins Symbolische hinausdringen und hinausweisen, daß es mit einer inneren Zwangsläufigkeit zum Gleichnis höherer Verhältnisse wird. Es ist dabei zunächst gleichgültig, was der einzelne Erklärer oder ein bestimmter religiöser Kreis als den Sinn des Bildes empfand. Genug, daß die Worte so zum Gemüt des Lesers sprachen, daß sie in ihm das Heilige, das Ewige, das Uebersinnliche anklingen ließen.

Von den neueren jüdischen Erklärern hat besonders Malbim einen interessanten allegorischen Deutungsversuch gemacht. Unter der Annahme, daß König Salomo in diesem Liede zwischen reiner und sinnlicher, zwischen irdischer und höherer Liebe zu scheiden lernt, hat er damit ein Symbol geschaffen für den Kampf zwischen Geist und Sinnlichkeit, zwischen dem Seelenverlangen des höheren Menschen und der Triebhaftigkeit leiblicher Begierde. Damit hat auch Malbim angeknüpft an die beiden anderen Hypothesen, die für die Deutung aufgestellt worden sind, die sogenannte Königshypothese und Hirtenhypothese.

Es soll nämlich nach der K ö n i g s h y p o t h e s e das Hohe Lied „die reine Liebe Salomos zu einem Hirtenmädchen" besingen, das er sich dann zur Gattin erwählt und durch das er von seiner niederen Sinnlichkeit zur echten Liebe hinauf geläutert wird. Wie wir bereits ausgeführt haben, fehlen alle sicheren Anknüpfungspunkte für diese Annahmen. „Die Ausführungen sind Produkte einer völlig willkürlichen, subjektiven Phantasie. Von einer Bekehrung Salomos findet sich keine Spur," so urteilt selbst die theologische Wissenschaft. (Siegfried im Kommentar von Nowak zum Hohen Lied, S. 80.)

Nicht besser steht es mit der sogenannten H i r t e n hypothese, an die auch, wie in der Einleitung dargelegt, Brod anknüpft. Nach ihr soll das Lied uns darstellen, wie ein Mädchen von Salomo geraubt wird, aber trotz aller zudringlichen Versuche, sie zu gewinnen, trotz aller Herrlichkeit salomonischer Pracht, ihrem Geliebten, dem Hirten ihres Heimatsdorfes, treu bleibt. Der Kampf zwischen Haremsluft und ländlicher Schlichtheit sei damit also das Thema des Hohen Liedes. „Aber fragt hier der erstaunte Leser, bemerkt der eben genannte Kommentar gleich zu Beginn des Liedes, woraus ersehen wir denn, daß wir uns überhaupt in einem Harem befinden?", und er kommt zu dem Schluß: „Auf diese Weise ist die modernste Exegese in einen Wust der subjektivsten Phantasien und der methodelosesten eignen Hineintragungen in die Textworte unsres Liedes hineingeraten, die im Einzelnen zu verfolgen oleum et operam perdere heißen würde."

Man hat auch im Hohen Lied ein regelrechtes D r a m a erkennen wollen. Daß der Wechsel von Rede und Gegenrede, der Austausch der lyrischen Empfindungen hier etwas Dramaähnliches an sich hat, ist wohl außer Zweifel; aber der Versuch, das ganze Lied in das Schema eines Dramas mit Szenenwechsel, Traumerzählungen und ähnlichem mehr zwingen zu wollen, ist verfehlt. Nur außerordentliche Künsteleien konnten den Versuch zur Dramatisierung des Hohen Liedes möglich machen. Manche verstiegen sich zu mehreren Bühnen, von Vers zu Vers mußte manchmal die Szene wechseln, und ähnlicher Schwierigkeiten mehr. Jener Kommentar urteilt daher 1. c. S. 82: „Ueber das Ungeheuerliche dieser Annahmen ist kein Wort zu verlieren. Eine Sache, die durch solchen Hokuspokus gestützt werden muß, bricht von selbst zusammen." Er glaubt auch aus allgemeinen Gründen das Drama ablehnen zu müssen und macht dabei seinem antisemitischen Herzen ein wenig Luft. S. 85: „Es fehlte in dem semitischen Völkerkreise der Individualismus und die damit zusammenhängende I d e e d e r s i t t l i c h e n F r e i h e i t.* Ein Individuum, welches im Kampf mit den Mächten der Welt ein ethisches Ziel erringt, wie etwa Sulamith um den Besitz des einzigen wahren Geliebten, ist f ü r d e n S e m i t i s m u s e i n U n d i n g."** Zu dieser letzteren Bemerkung können wir nur sagen: Die Welt hat die Idee der sittlichen Freiheit von der Bibel A. T. erhalten, indem sie die Welt Moral gelehrt und ihr gleichzeitig die Idee der sittlichen Freiheit unauslöschlich eingeprägt hat. Diese Idee wird der Welt nicht verloren gehen, trotzdem man in die Bibel von theologischer Seite die Erbsünde hineininterpretieren will, um den Menschen der Freiheit sittlichen Tuns und der Möglichkeit sittlicher Gerechtigkeit zu berauben. Für Manche ist es nur ein Unding, die g e i s t i g e Freiheit von Vorurteilen zu erlangen, um über andere Weltauffassungen gerecht und objektiv urteilen zu können.

Die modernste Auffassung sieht im Hohen Liede eine Reihe von H o c h - z e i t s g e s ä n g e n, die die Freuden der Liebe oft recht plump besingen. Es ist nun interessant zu beobachten, wie dieser Naturalismus, der das ganze Lied als Feier schlichter Lebensfreuden kennzeichnen will, immerfort auf Schwierigkeiten stößt. Bei Siegfried, der diesen Standpunkt vertritt, heißt es wörtlich: (S. 99) Im Kap. 1, 7 u. 8 ist der Geliebte ein Hirt, in Kap. 6 ein Gärtner, der aber so unverständig ist, in seinem Garten eine Herde zu weiden; in Kap. 3, Vers 2 und 5, Vers 7 wird vorausgesetzt, daß er bei Nacht in den Straßen von Jerusalem sich umhertreibe (!), ohne sich weiter um seine Herde Sorge zu machen." In dieser Tonart geht es bis zum Ende weiter.

---

* Von uns gesperrt.

Man kann sich also nicht anders helfen, als indem man den Text als fehlerhaft bezeichnet. Interessant wie ganze Verse, z. B. Kap. 4, 8 כלה מלבנון אתי als Irrtümer hingestellt werden sollen. „Daß wir hier eine auf groben Mißverständnissen eines späteren Lesers beruhende Glosse haben, hat Budde schon erkannt. Der Myrrhenberg und Weihrauchshügel, die wie Libanon duftenden Gewänder brachten jenen Leser auf den Gedanken, daß die Liebenden dort ihre Flitterwochen (כלה die Neuvermählte nach Traktat Joma) gefeiert hätten, wozu diese Lokalität die denkbar ungeeignetste und wegen der Löwen und Pardel gefährlichste gewesen wäre." Oder wenn es 8, 2 heißt: „Du wirst mich belehren," so bemerkt der Kommentar zynisch: „Auf einen Kursus in salomonischer Weisheit kommt es aber unsrer Braut augenscheinlich nicht an." Wenn die Braut klagt, sie habe ihren Weinberg nicht hüten können, so soll dieser Weinberg ihr eigentümlicher Besitz, ihre Jungfrauschaft sein, die sie dem Gemahl hingegeben hat. Sie sei also bereits eine junge Ehefrau. Wir können nicht finden, daß wenn sie eine Ehefrau ist und ihrem Ehegemahl ihre Jungfrauschaft hingibt, daß sie dann darüber klagen müßte, sie habe ihren Weinberg nicht hüten können. Seit wann soll denn gegen den eigenen Ehegemahl eine Ehefrau sich hüten müssen? Diese Deutung des Weinbergs ist also eine ganz unglückliche, sie bringt auch den Kommentator in die größte Verlegenheit, denn in 3, 4 will die Braut den Geliebten führen „in das Haus der Mutter", und so muß sich der Kommentator entschließen, zu bemerken, dieser Satz sei als ganz unpassende Glosse zu streichen, denn es handle sich ja nicht um eine bei der Mutter wohnende Braut, sondern um eine junge Ehefrau, die der Mann doch wohl ins eigne Haus geführt haben möchte. Ueberhaupt die schöne Krücke von den Glossen muß mancherlei Dienste tun. 2, 15; 3, 4; 4, 8; 4, 5; 4, 6; 4, 8; 8, 7; alles ist als Glosse zu streichen. Es ist um so unverständlicher, daß wir soviel Glossen hier vorfinden, als auf der andern Seite angeblich die Lieder nur „bruchstückweise überliefert", einige sogar „verstümmelt" seien. Es bleibt nicht viel Gutes am Text und an den Liedern, in die er eingeteilt werden soll. Beim 2. Lied (Kap. 1, 4 bis 2, 7) sei der Anfang „durch Versehen der Abschreiber in das erste Lied hineingeraten". Im 1. Kap. sei Vers 7—8 „als Fragmente eines ganz anderen Liedes auszuscheiden." Das 3. Lied werde „durch störende Glossen unterbrochen", das 8. „habe verstümmelten Schluß" und das 10. bestehe aus sieben Fragmenten. Solch bezeichnende Wendungen wie מבעד לצמתך das die verheiratete Frau charakterisiert, sind nur „später hinzugefügte Glossen." Das Wort ברח wird statt „enteilen" mit „eilen" übersetzt, weil die Würzberge den Leib der Braut bedeuten sollen und diese Gewaltsamkeit durch das Wort ברח eben sich selbst widerlegt.

Es gibt m. E. keinen absoluten Beweis für die zwingende Notwendigkeit, hier im Hohen Lied ein allgemeineres, über ein schlichtes Liebeslied hinausgehendes Gedicht zu sehen, als diese verzweifelten Versuche allermodernster Theologen, die in der Angst vor einer höheren Symbolik das Lied in niedere

Sphären hinabreißen wollen und nun unzählige Bruchstücke in der Luft hängen bleiben. Offenbar hat das Lied nicht irdisches Schwergewicht genug, um ganz zum Erdboden hinabfallen zu können. So bieten uns diese neuen Kommentare eine interessante Bestätigung des Talmudwortes: „Ueberall, wo man gegen das Bibelwort sich versündigen will, ist die Widerlegung an die Seite gesetzt." Wenn es z. B. heißt: „Ich bin meines Freundes, der unter Rosen weidet," so sollen die roten Scharlachlilien ein Bild für die Lippen der Braut sein. Was aber sind dann die Rehe, die unter Rosen weiden? Nach den Theologen — eine Glosse, für uns der Beweis, daß die erste Deutung falsch ist. Ebenso sollen Myrrhenberg und Weihrauchshügel Bilder für den duftenden Leib sein, aber dieser Naturalismus ist völlig verfehlt; denn wie sollte der Liebende b i s zum Zusammentreffen mit der Braut zum Weihrauchshügel gehen wollen? Oder sie wollen den Satz korrigieren: „Der Polster Salomos ist ausgelegt mit der Liebe der Töchter Jerusalems"; das Wort אהבה = Liebe sei ein Schreibfehler für הובנים Ebenholz (gemäß Ez. 27, 15). Was aber bedeutet dann „Der Töchter Jerusalems"? „Das ist — natürlich — durch den Schreibfehler herbeigeführte Glosse" (!)

Die Theologen verzichten, wie schon erwähnt, grundsätzlich auf die Erklärung von VI 2 לא ידעתי נפשי שמתני Es könnte die Bezeichnung der Braut als עמי dem System verhängnisvoll werden.

Nachwort.

Dieses Buch ist aus Vorträgen über das Hohelied hervorgegangen, die ich in Hamburg im Jahre 1923—1924 allsabbatlich vor einer großen interessierten jüdischen Hörerschaft zu halten die Freude hatte. Diese war auch die Anregerin, daß die Gedanken jener Vorträge festgehalten und dem Druck übergeben werden. Damals konnten auch die midraschischen Anwendungen und Ausdeutungen, die gerade das Hohelied besonders reich umranken, gegeben werden. Hier kam es nur darauf an, den schlichten Wortsinn aufzudecken, aber der Kundige wird mit Leichtigkeit daraus die Brücke finden, durch die die Agada zu ihrer Weiterführung kommt.

Für die Notenaufzeichnung der Sangesweise des Hohenliedes bin ich Frl. Rita Neumann, Altona, zu herzlichem Dank verpflichtet. Dem Hermon-Verlag und seinen Leitern möchte ich meinen besonderen Dank aussprechen, daß er das Werk so schön ausgestattet und mich oft mit wertvollen Ratschlägen unterstützt hat.

www.ingramcontent.com/pod-product-compliance
Lightning Source LLC
Chambersburg PA
CBHW030808100426
42814CB00002B/50